新时代劳动教育
多样态

梁焕英 / 编著

辽宁大学出版社
Liaoning University Press

图书在版编目（CIP）数据

新时代劳动教育多样态/梁焕英编著. 一沈阳：
辽宁大学出版社，2021.10
（名师名校名校长书系）
ISBN 978-7-5698-0455-3

Ⅰ.①新… Ⅱ.①梁… Ⅲ.①劳动教育－教学研究－
中小学 Ⅳ.①G633.932

中国版本图书馆 CIP 数据核字（2021）第 146606 号

新时代劳动教育多样态
XINSHIDAI LAODONG JIAOYU DUOYANGTAI

出 版 者：辽宁大学出版社有限责任公司
　　　　　（地址：沈阳市皇姑区崇山中路 66 号　　邮政编码：110036）
印 刷 者：北京米乐印刷有限公司
发 行 者：辽宁大学出版社有限责任公司
幅面尺寸：170mm×240mm
印 张：11.25
字 数：200 千字
出版时间：2021 年 10 月第 1 版
印刷时间：2021 年 10 月第 1 次印刷
责任编辑：李珊珊
封面设计：徐澄玥
责任校对：于盈盈

书 号：ISBN 978-7-5698-0455-3
定 价：45.00 元

联系电话：024-86864613
邮购热线：024-86830665
网 址：http://press.lnu.edu.cn
电子邮件：lnupress@vip.163.com

前　言

2018年9月，习近平总书记在全国教育大会上指出，培养什么人，是教育的首要问题，要培养德智体美劳全面发展的社会主义建设者和接班人。党的十九大报告指出："中国特色社会主义进入了新时代。"在新时代背景下，加强学生的劳动教育，努力提高学生的劳动素质，对学生的成长和国家的发展意义深远。

劳动教育是立德树人的重要基石。如何让劳动教育落地生根、开花结果？如何引导学生在成长过程中能辛勤劳动，并以此为荣？如何让学生从小树立劳动最光荣、劳动最崇高、劳动最伟大、劳动最美丽的信念？这是新时代教育的重要思考和命题。

我校因地制宜、因时制宜，结合当地和本校实际情况，对劳动教育进行整体设计、系统规划，通过多种形式融合创新的举措，建构"一主六辅"劳动技术课程体系。所谓"一主"是以劳动技术教育课程为主。"六辅"就是将劳动教育融于平日生活、节假劳动、基地劳动、课程超市、"非遗"体验、STEM课程中，鼓励学生从小主动辛勤劳动，践行孝敬父母、尊重老师、乐于助人等德行，通过日积月累的点滴劳动塑造学生正确的人生观、价值观。学生在体验式学习中，感悟自身的变化与成长，理解辛勤劳动对于丰富和发展自我的重要性，激发学生在未来学习生活中努力奋进、自主追求与实现梦想的勇气，从而学会劳动、学会生活、学会创造、学会做人。

本书总结了我校劳动教育探索和实践的成果，从"树立正确的劳动教育观、建构形式多样的劳动教育课程体系、实施形式多样的劳动教育课程体系、创建劳动教育实践基地、探索劳动教育评价体系"五个方面进行阐述。在编写方面，体现了以下三个特点：

首先，本书理论联系实际。本书既有许多劳动教育的前沿理论，也有建构和实施形式多样的劳动教育课程体系，创建劳动教育实践基地，营造丰富的劳动教育校园文化的创新举措，还有我校制定的劳动教育整体规划、各年级的劳动计划、劳动教育教学设计、劳动教育实践的案例等，内容详尽，图文并茂，更有真实的学生劳动。读起来，不是空洞说教，而是学生的真实劳动、亲身实践。

其次，本书突出"技术""设计""创新"三要素。技术、设计、创新是劳动教育的核心要素。我们注重引导学生在劳动课程的学习和实践中，培养自身的劳动素养、技术意识、工程思维能力、创新设计能力、图样表达与物化能力。

最后，本书体现整体化设计、常态化实施。我校有劳动教育的整体设计、系统规划。既有明确的劳动教育目标内容、课时安排、劳动教育过程组织及考核评价办法等，也有劳动教育融入其他学科教学、融入校园文化建设、融入学生校园生活的整体规划。然后，我们按照规划常态化实施、长期坚持，让劳动成为孩子的一种习惯、一种自觉、一种需要。

此书的成果仅仅是我们开展劳动教育研究的开始，我们乐于在劳动教育之路上做更多的探索！

本书能够顺利完稿，要特别感谢李淑霞老师对书稿的统筹，以及陈丽华老师对书稿的整体设计；感谢谢小湘、徐云、陈宇三位老师的大力协助，她们为书稿的内容提供了宝贵意见和校对。

梁焕英

2021年9月28日

目　录

第一章

树立正确的劳动教育观

第一节　劳动教育的起源

2021年3月7日上午，全国政协十三届四次会议第二场"委员通道"开启，全国政协委员、江苏省锡山高级中学校长唐江澎接受媒体采访时说："好的教育应该是培养终生运动者、责任担当者、问题解决者和优雅生活者，应该培养学生健全而优秀的人格，赢得未来的幸福，造福国家社会。"他还说："让幼儿园的孩子养成整理东西的习惯，远比让他们早识字好，让孩子多读书，远比让他们做阅读理解题好。教育应当提高国民素质，促进人的全面发展。"唐委员关于教育的发言直击人心，在社会上引起共鸣。他的金句道出了劳动教育的重要性。

从历史唯物主义的视角看，劳动是人类社会赖以生存和发展的前提，正所谓"劳动创造了世界，劳动创造了历史，劳动创造了人本身"。从马克思主义哲学的视角看，劳动是人有意识地、自觉地改变环境、改变世界的活动。

劳动作为无产阶级世界观的重要内涵，在社会主义国家的教育活动中有着充分的体现。苏联杰出教育家马卡连柯于苏维埃政权建立初期，在长达十余年的教育实践中，不断探索共产主义的教育方法，将劳动教育置于集体主义教育体系的重要位置。他强调，"劳动就是生产学习，它应当由劳动所创造的那种价值观念出发"。在他看来，劳动与教育是平行的，劳动应引导学生感受劳动光荣和劳动所得的快乐，突出其教育性价值。劳动教育的目标是培养学生共产主义的态度和品质，促使学生全面发展。

新中国的教育始终以马克思主义"人的全面发展"学说为教育目的，坚持教育与生产劳动相结合。这种结合，首先是毛泽东主席提倡"人民教育"，即学校必须为工农开门的方针，这是教育为工农大众服务的原则。改革开放以前，学校教育不但有生产劳动的课程，还安排学工学农活动。这种学习重点是劳动态度、劳动观念和劳动意识的学习，是劳动价值观的习得。

目前，我们的教育方针一贯主张"德、智、体、美、劳"全面发展。然而当下不管是学校教育还是家庭教育，在教育的五个维度中，劳动教育大有越来越淡化之势。越来越多的孩子不参与劳动，甚至不参与简单的家务劳动。北京教育科学研究院基础教育科学研究所的报告显示：美国小学生平均每天的劳动时间为1.2小时，韩国0.7小时，法国0.6小时，英国0.5小时，而我国小学生平均每天的劳动时间只有12分钟。这个比较数据着实令人担忧。长此以往，很多孩子从小就会养成不劳动、不爱劳动、不愿劳动的习惯，逐渐变得"四体不勤，五谷不分"。

令人担忧的是，受社会不良风气及家庭教育不当的影响，一些孩子从小就形成了"劳动分贵贱"的错误价值观，从小缺乏家务劳动意识和经验，以致"重课业、轻劳动"的思想根深蒂固，客观上造成了劳动教育移位、缺位的问题。近年来甚至出现了小学一年级家长请家政公司周五到学校帮孩子打扫完成值日任务的现象。学生学业负担重、应试压力巨大，回到家后，基本不会参与家务劳动，家长也常因课业任务重而不让孩子承担家务劳动。

究其原因，在学校层面，唯分数至上的教育观让学校为分数而战、老师为分数而教、学生为分数而学，凡是考试要考的，老师就教、学生就学，凡是有可能对分数带来影响的教育教学活动便成了多余，劳动教育在学校自然就被边缘化了。

在家庭教育层面，如今的独生子女都是父母的掌上明珠，即使他们在家有时间劳动，父母对他们也很娇惯，不会让他们动手劳动，生怕累了、苦了孩子。还有的父母会让孩子把所有时间用在学习上，哪怕是节假日都必须奔走于各种补习班、特长班、兴趣班，生怕误了孩子的学习。因此，现在的孩子劳动意识日益淡化，劳动能力不断弱化。

然而，劳动教育却具有独特意义，牵一发而动全身。第一，孩子在接受劳动教育时，能让自己与世界充分接触，用身体去丈量物理和心灵的世界，用全部感官去认知和学习，既能让他们爱上劳动，又能让他们感受到劳动在人生中的价值，明白劳动是人的本色、劳动创造一切的道理，同时培育其对劳动者足够尊重的情感，可谓益德；第二，孩子们在劳动中可以愉悦身心，强健体魄，增强意志力，涵养吃苦耐劳精神，对文化课的学习会起到促进作用，可谓益体益智；第三，孩子们在参与劳动过程中还可以感知劳动的美、创造劳动的美、品味劳动的美，不仅能激发他们的学习兴趣，还能够提高他们欣赏美和鉴赏美的能力，即劳动教育更能益美。

　　鉴于此，党的十八大以来，习近平总书记立足新时代历史方位，对劳动和劳动教育做出重要论述。2013年4月28日，习近平总书记来到全国总工会机关，同全国劳动模范代表座谈并发表重要讲话。他说："劳动是财富的源泉，也是幸福的源泉。人世间的美好梦想，只有通过诚实劳动才能实现；发展中的各种难题，只有通过诚实劳动才能破解；生命里的一切辉煌，只有通过诚实劳动才能铸就。"在2018年全国教育大会上，习近平总书记要求把劳动教育纳入培养社会主义建设者和接班人的总体要求之中，明确提出构建德智体美劳全面培养的教育体系。2019年12月2日，习近平总书记在全国教育大会上指出，要"培养德智体美劳全面发展的社会主义建设者和接班人"，强调"要在学生中弘扬劳动精神，教育引导学生崇尚劳动、尊重劳动，懂得劳动最光荣、劳动最崇高、劳动最伟大、劳动最美丽的道理，长大后能够辛勤劳动、诚实劳动、创造性劳动"。2015年，教育部、共青团中央、全国少工委印发的《关于加强中小学劳动教育的意见》提出，用3—5年时间，推动我国中小学建立课程完善、资源丰富、模式多样、机制健全的劳动教育体系，形成普遍重视劳动教育的氛围，改变一些学生不会劳动、轻视劳动、不珍惜劳动成果的现状。

第二节　劳动教育的认识

一、劳动教育的性质

劳动教育课程是全面贯彻党的教育方针，坚持教育与生产劳动、社会实践相结合的基本要求，是实施素质教育和培养学生核心素养的重要内容，是培育和践行社会主义核心价值观的有效途径。劳动技术课程是实施上述劳动教育课程的主要途径。

劳动技术课程是一门以学生获得积极的劳动体验、形成良好的劳动素养和技术素养为基本目标，以操作性学习为基本特征的课程。该课程是从学生的真实生活和发展需要出发，从生活情境中选择内容并把它列为项目，通过认知、探究、设计、运用工具、制作、评价、体验等方式，培养学生的劳动兴趣，磨炼学生的意志品质，激发学生的创造力，促进学生身心健康和全面发展的跨学科实践性课程。该课程是由国家规定并由地方及学校组织实施和开发的必修课程。

二、劳动教育的目标

2015年，教育部、共青团中央、全国少工委印发的《关于加强中小学劳动教育的意见》明确指出，"劳动教育的主要目标是通过劳动教育，提高广大中小学学生的劳动素养，促进他们形成良好的劳动习惯和积极的劳动态度，使他们明白'生活靠劳动创造，人生也靠劳动创造'的道理，培养他们勤奋学习、自觉劳动、勇于创造的精神，为他们终身发展和人生幸福奠定基础"。

依据文件精神，结合东莞市莞城中心小学的实际，我们制定了"莞城中心小学多样态劳动教育目标"。具体内容如下：

从学生的真实生活和发展需要出发，从"人与自我、人与自然、人与社会"三个维度确定劳动技术教育课的教学内容，让学生学会一些劳动技能。通过开展形式多样的劳动教育活动，将劳动教育融于平日生活、节假劳动、基地劳动、课程超市、"非遗"体验、STEM课程中，培养学生的劳动兴趣，磨炼学生的意志品质，激发学生的创造力，促进学生身心健康和全面发展。

具体目标：

（1）通过建构和实施生活自理课程，培养学生生活自理能力。

（2）了解一些简单工具的使用方法，初步掌握自我服务劳动和一般家务劳动的基本方法。

（3）掌握初步的植物栽培技术，掌握小动物饲养方法。

（4）学会自我服务性劳动，学会烹调，能制作简单的手工作品和工艺品。

（5）通过志愿者课程，培养学生的公共服务意识和社会责任感。

（6）开展形式多样的劳动教育活动，通过多种形式融合创新的举措，让学生学会劳动、学会生活、学会创造、学会做人。

三、劳动教育的基本原则

（1）充分发挥劳动的综合育人功能，以劳树德、以劳增智、以劳强体、以劳育美、以劳创新，促进学生德智体美劳全面发展。

（2）坚持思想引领。中小学劳动教育既要让学生学习必要的劳动知识和技能，更要通过劳动帮助学生形成健全人格和良好的思想道德品质。

（3）坚持有机融入。要有效发挥学科教学、社会实践、校园文化、家庭教育、社会教育的劳动教育功能，让学生在日常学习生活中形成劳动光荣、劳动伟大的正确观念。

（4）坚持实际体验。要让学生直接参与劳动过程，增强劳动感受，体会劳动艰辛，分享劳动喜悦，掌握劳动技能，养成劳动习惯，提高动手能力和发现问题、解决问题的能力。

（5）坚持适当适度。要根据学生年龄特征、性别差异、身体状况等特点，选择合适的劳动项目和内容，安排适度的劳动时间和强度，做好劳动保护，确保学生人身安全。

四、劳动教育的基本内容

（1）开设综合实践活动中的劳动与技术教育课，如开设家政、烹饪、手工、园艺、非物质文化遗产等相关课程。在德育、语文等学科教学中加大对劳动观念和态度的培养，在科学等学科教学中加大对动手操作和劳动技能、职业技能的培养，在其他学科教学和少先队活动课中也应有机融入劳动教育内容。

（2）开展校内劳动。要在学校日常运行中渗透劳动教育，积极组织学生参与校园卫生保洁和绿化美化，普及校园种植。开辟专门区域种植花草树木或农作物，让班级、学生认领绿植或"责任田"，予以精心呵护，有条件的学校可适当开展养殖活动。组建与劳动有关的兴趣小组、社团、俱乐部，开展手工制作、电器维修、班务整理、室内装饰、勤工俭学等实践活动。广泛组织以劳动教育为主题的班团队会、劳模报告会、手工劳技展演，提高学生的劳动意识。

（3）组织校外劳动。要将校外劳动纳入学校的教育工作计划，安排一定时间的农业生产、工业体验、商业和服务业实习等劳动实践。充分利用劳动教育实践基地、综合实践基地和其他社会资源，结合研学旅行、团日队日活动和社会实践活动，加强城乡学生交流，组织学生学工学农。城镇学校可结合实际情况组织学生参加公益劳动与志愿服务，农村学校可结合实际情况在农忙时节组织学生帮助家长进行适当的农业生产劳动。

（4）鼓励家务劳动。教育学生自己的事情自己做、家里的事情帮着做，弘扬优良家风，参与孝亲、敬老、爱幼等方面的活动。学校应安排适量的家庭劳动作业，针对学生的年龄特点和个性差异布置洗碗、洗衣、扫地、整理等力所能及的家务活动作业。要密切家校联系，转变家长对孩子参与劳动的观念，使他们懂得劳动在孩子学习、生活和未来长远发展中的积极意义与作用，让家长成为孩子家务劳动的指导者和协助者，形成劳动教育合力。

五、劳动教育的保障机制

（1）加强统筹协调。加强对劳动教育的领导，明确劳动教育责任主体和负责部门，确保将劳动教育的时间、师资、经费、场地、设备等落实到位。加强校内统筹，既要发挥班主任、任课教师的积极性，也要发挥共青团、少先队、学生会的作用。加强校外协调，积极借助家庭、社会的力量，共同关心支持劳动教育。适时启动劳动教育实验区创建工作。

（2）加强师资建设。采取有效措施，在工资待遇、绩效考核、职称评聘、评优选先、骨干教师培养等方面，对劳动教育教师给予同等对待，以保持劳动教育教师队伍的稳定与发展。积极探索和建立专、兼职结合的劳动教育教师队伍，广开渠道，开门办学，聘请能工巧匠、专业技术人员担任兼职教师。加强对劳动教育教师的专业培训，配备专、兼职教研员，组织经常性的教研活动，开展教学竞赛，促进劳动教育教师专业化，不断提高劳动教育教学质量。

（3）加强资源开发。因地、因校制宜，加强劳动教育场地或实践基地建设，满足劳动教育需要。农村地区要积极争取当地政府和有关部门支持，安排相应的土地、山林、草场或水面作为学农实践的基地。城市地区要统筹建立劳动教育实践基地，或充分利用现有青少年校外活动场所、青少年宫和示范性综合实践基地开展劳动教育。积极争取社会支持，充分利用学校布局调整中的闲置校舍和产业结构调整中的闲置厂房等社会资源，建立工业生产、农业生产、财经贸易、商业服务等各行业劳动教育实践基地。有条件的学校可建设专门的劳动与技术教育教室，配置相应设备和所需耗材。

（4）加强督导评价。建立学生劳动评价制度，评价内容包括参加劳动次数、劳动态度、实际操作、劳动成果等方面，具体劳动情况和相关事实材料记入学生综合素质档案，并作为升学、评优的重要参考。

第三节 劳动教育的意义

习近平总书记在全国教育大会上指出，培养什么人，是教育的首要问题，要培养德智体美劳全面发展的社会主义建设者和接班人，培养一代又一代拥护中国共产党领导和我国社会主义制度、立志为中国特色社会主义奋斗终身的有用人才。"有用人才""时代新人"的一个重要特征，就是具备劳动的素质，能够弘扬劳动精神、崇尚劳动，懂得劳动最光荣，能够辛勤劳动、诚实劳动、创造性劳动。习近平总书记把劳动教育纳入培养社会主义建设者和接班人的要求之中，丰富发展了党的教育方针。

重视劳动，强调教育与劳动相结合，是马克思主义的重要主张。马克思主义哲学认为，劳动推动社会历史进步，是人作为人之最本质、最显著的特征。马克思在《1844年经济学哲学手稿》中指出："正是在改造对象世界中，人才能真正地证明自己是类存在物。"他强调："对社会主义的人来说，整个所谓世界历史不外是人通过人的劳动而诞生的过程。"因此，人民创造历史，劳动开创未来。劳动是推动人类社会进步的根本力量，是人民美好生活的源泉。构建德智体美劳全面培养的教育体系，加强劳动教育，是回归人之本质、回归学生自身的主体性教育方式，能够帮助学生在自主实践中发现自我，通过双手改变和创造自己的生活。

党的十九大报告指出："中国特色社会主义进入了新时代。"在新时代背景下，加强学生的劳动教育，努力提高学生的劳动素质，对学生的成长和国家的发展意义深远。

一、以劳树德

1. 劳动教育是中华民族的优良传统

中华民族是勤劳勇敢的民族，正是劳动推动和创造了我们辉煌的历史。古有愚公移山、大禹治水的感人故事，毛主席"自己动手、丰衣足食"的题词教诲，今天的幸福生活更是无数先辈用劳动创造的，未来的美好梦想也要通过诚实劳动才能铸就。劳动教育是贯穿每个人一生的必修课程，从小历经劳动磨炼，才能无愧历史、创造未来。广大中小学生更应当铭记历史，继往开来。

2. 劳动是教育的应有之义

德智体美劳全面发展是我们一直倡导的教育思想，爱学习、爱劳动，强调的正是手脑并用，相辅相成。

如今，学校和家长都普遍重视孩子的学习成绩，而对劳动教育关注不足。甚至，父母为了让孩子专心学习，几乎变相剥夺了孩子劳动的权利，导致很多孩子缺乏正确的劳动观。孩子不会做饭、不会洗衣服、不会料理家务、不珍惜粮食，认为父母保姆式的大包大揽天经地义，乱扔垃圾，不珍惜环卫人员的劳动成果等现象也司空见惯。久而久之，孩子缺乏自理能力，不懂得自强感恩，甚至形成以体力劳动为耻的错误观念。陶行知说："滴自己的汗，吃自己的饭，自己的事自己干，靠人，靠天，靠祖上，不算是英雄好汉。"劳动教育可以培养学生逐步树立热爱劳动的观念和参与劳动的积极态度，培养学生的社会责任感。

3. 加强辛勤劳动教育，培养学生奋斗精神

《周易》中说："天行健，君子以自强不息。"自强不息是中华民族的优良传统，是改善民生、创造人民幸福生活的重要保证。正如习近平总书记指出的，"人世间的一切幸福都需要靠辛勤的劳动来创造"。从一定意义上说，学生德行的养成、奋斗精神的培养始于辛勤劳动教育。引导学生在成长过程中能辛勤劳动并以此为荣，树立劳动最光荣、劳动最崇高、劳动最伟大、劳动最美丽的信念，是教育的重点与方向。在教材设计中，鼓励学生从小主动辛勤劳动，践行孝敬父母、尊重老师、乐于助人等德行，通过日积月累的点滴劳动塑造学生正确的人生观、价值观。在教学中，以体验式教学使学生感悟自身的变

化与成长，理解辛勤劳动对于丰富和发展自我的重要性，激发学生在未来学习生活中努力奋进、自主追求与实现梦想的勇气。

4. 加强诚实劳动教育，培养学生诚信品质

所谓"诚实劳动"，在于敬业实干，热爱并踏实做好自己的工作，充分发扬工匠精神；还在于发乎本心，遵循天道。习近平总书记在讲到"诚实劳动"对国家发展、人民生活的意义时指出，"人世间的美好梦想，只有通过诚实劳动才能实现；发展中的各种难题，只有通过诚实劳动才能破解"，"诚者，天之道也"。每个人都要从集体利益出发，不弄虚作假、消极怠工，要诚实劳动，遵守职业道德，学习并遵循社会发展的规律，努力为国家、社会的经济发展做出贡献。在诚实劳动教育的实践中，重在对学生"诚"的品质的培养。在教材设计中，案例式"探究与分享"栏目能够塑造劳动楷模形象，用榜样力量引导学生践行以"诚"待劳，以实干实现自身价值；设计"拓展空间""相关链接"等栏目，将"诚实劳动"提到劳动者义务与使命的高度，从更深层次意义上提高学生的劳动素质。

5. 劳动是光荣的，劳动可以带来幸福感

学生能够从劳动中收获很多书本上学不到的东西，这就好比爱因斯坦的小板凳，它也许不是最完美的，但却是自己的劳动成果。自己动手做一道菜、叠被子、洗衣服、倒垃圾、助人为乐，劳动的成就感和获得感胜过父母的千言万语。"雷锋出差一千里，好事做了一火车"，我们都应该向雷锋同志学习，通过劳动实现自身价值，让劳动为生命增光添彩。

二、以劳增智

创新是一个民族进步的灵魂，是一个国家兴旺发达的不竭动力。培养学生的创新能力是教师义不容辞的责任和义务。在劳动教育中可以培养学生的创新意识和创造精神，培养学生的创新思维和创造能力。

1. 提供实践场所，培养劳动技能和创新能力

创新不是凭空臆造的，它是建立在知识的传播、转化和应用基础之上的。劳动技术课是一门操作性、实践性很强的学科。传统的教学模式一般都是在课堂中由教师讲授一些有关劳动的基本知识和基本技能，布置学生课后或回家去

实践。课堂教学俨然成了脱离实际的纸上谈兵，当然更谈不上培养学生的创新能力了。作为教育者，我们认为首要问题是要努力给学生提供实践场所，在实践中培养学生的劳动技能，让学生在劳动实践中培养创新能力。例如，在劳动技术课上，我们重新组编教材，把淘米、择菜、凉拌豆腐、剥皮蛋这些内容组合成一个单元进行教学，同时提供一个实践的场所——食堂。教师给他们分好小组后，他们便开始活动。在劳动中，教师发现有一个小组的同学择芹菜择得特别快，原来他们进行了分工，按照择芹菜的步骤实行了流水作业，创造性地提高了工作效率，同时也培养了团结协作的精神。

2. 营造宽松氛围，激发创新意识

法国生理学家、诺贝尔奖获得者贝尔纳说过："创造力是没法教的，所谓的创造力教学，指的是学生要真正有被鼓励展开并发现他们想法的机会，如此才能发展他们富有创造力的才能。"在课堂教学中，教师要营造一个生动、活泼、宽松的氛围，激发学生的创新意识。例如，在教学"凉拌豆腐"一课时，书本上把需要的配料和制作过程介绍得很清楚，学生自己就能看懂、学会。如何教学呢？在课前先做调查，看看有哪些同学在家独立做过或与家长一起做过，课上请他们来介绍。想不到有同学提出与书上不同的配料"皮蛋"，教师当场肯定并表扬了他，于是其他同学受到启发，纷纷讲还可以有肉松、肉末、小虾、辣椒、胡椒粉等配料。还有同学提出给凉拌豆腐配上一些西瓜片、橘子片、菠萝卜，这样色、香、味更佳。一盘盘凉拌豆腐在学生的手下俨然成了一件件艺术创作。在这样的劳动课上，学生的创新意识被激发起来了，创新能力也得到了初步培养。

3. 展开想象，培养创新思维

想象力是创造力的基础。亚里士多德指出："想象力是发现、发明等一切创造活动的源泉。"劳动技术课教材中有一部分是手工制作，学生很喜欢做。教师应选择一些适宜训练学生想象力的制作，让他们展开联想、创编故事。例如，教材"拔萝卜"图片上要求剪下人物和小动物贴在图上，位置和顺序由自己决定，看谁贴得最好看。学生按照自己的想法把剪下的老爷爷、小孩子、老奶奶、狗、鸡、小兔、小猪、小猫贴在图上。有的把人物都贴在前面，小动物贴在后面；有的把人和小动物混合着贴；有一个同学把大公鸡贴在最后，并且头昂得高高的，像在看热闹。他们编的故事就更有趣了，特别是那位把大公鸡贴得头昂得高高的同学，最后说："萝卜拔出来了，大公鸡没有拔却想啄几口尝尝鲜，可小动物们都不给它尝，为什么呢？同学们，你们知道吗？"学生的想象力确实是很丰富的，思维也是非常独特的。教师经常有意识地加以培养，更有助于学生创新能力的发展。

三、以劳强体

以劳强体和体育文化素养应有机地融合在一起，以提高学生体育文化素养以及以劳强体的意识。体育文化素养是指在先天遗传素质的基础上，通过后天环境与体育教育的影响所产生的，包括体质水平、体育知识、体育意识、体育行为、体育技能、体育个性、体育品德等方面的要素。这些要素综合了体育素质与修养。百年树人，教育为本，体育教学工作一方面要以学生锻炼为主要内容进行；另一方面要强调体育文化素养的培育，从身体和思想上双重落实。这有利于学生体质健康，有利于学生形成终身体育锻炼的意识，更有利于学生的全面发展，从而为社会培养高素质的人才。结合学生的特点，学校可以安排适量的劳动家庭作业，开展校内劳动。以劳强体，以体促劳，劳体结合，在劳动中，学生的身体素质得到了提高，在今后的体育活动中也会有更好的表现。

四、以劳育美

生产劳动是人类社会生活中最基本的内容，人的自由自觉的创造活动以及才能、智慧、品格、意志、情感等本质力量也是最直接、最集中地体现在生产劳动之中。因此，生产劳动美是社会生活美最基本的内容。生产劳动美育是指以生产劳动中的美为媒介，并通过生产劳动实践对社会成员进行的审美教育。

美不仅存在于自然界和艺术中，而且存在于人们的创造性劳动中。劳动创造了美。创造性生产劳动不仅生产着审美客体——为社会所欢迎的产品或服务质量，而且完善着审美主体——探求科学知识的欲望，对生产技艺精益求精的进取心，征服自然、排除困难的坚韧意志和团结互助的集体主义精神。随着社会物质文明和精神文明的发展，劳动将不再作为谋生手段，而成为人们的生活要素，那时生产劳动过程的审美作用和审美价值将会被提到一个更新的高度。

在社会成员特别是青少年中进行生产劳动的审美教育，是培养有理想、有道德、有文化、有纪律的全面发展的人才的必要途径。把生产劳动教育作为审美过程，就应该教育人们积极主动地去创造美，从而使自己获得美。

要培养学生从小爱劳动的美德，让他们养成爱劳动的习惯，视劳动为光荣，认识到爱劳动的人心灵是美的。有一位心理学家曾经讲道："习惯成自然，自然成性格，性格影响一个人一生的命运。"毫无疑问，劳动教育就是培养学生良好性格、促进学生健康成长的有效途径。只有通过生产劳动，人们才能真正懂得美、理解美，成为全面发展的人。

学生劳动的审美价值不仅在于有助于意识到劳动的目的及其社会意义，还在于它是学生的智力、体力和审美情趣的自由发挥。恩格斯在《反杜林论》中指出："生产劳动给每一个人提供全面发展和表现自己全部的体力脑力的机会，这样，生产劳动就不再是奴役人的手段，而成了解放人的手段，因此，生产劳动从一种负担变成一种快乐。"学生按照预定的计划参加生产和其他劳动，或制作各种模型，或组装仪器，或修理教具、桌椅，等等。他们在劳动成果中看到了自己计划的实现，他们把"内在的尺度运用到对象上去"，"按照美的规律来建造"，从而看到自己本质力量的实现，享受获得劳动成果的满足与欢快。青少年在初次从事劳动活动时，或许看上去动作并不协调，甚至是笨拙的，然而随着不断地掌握劳动技能，他们不仅提高了效率，而且在劳动活动中的体态、动作也日趋优美。这不仅给旁观者一种自然、悦目之感，而且学生本人也会因自身青春体力的自由发挥而产生精神上的满足。这种劳动无疑是充满个性特征和审美情趣的，从而逐渐成为学生的生活需要。

由于学生的智力、体力都处于成长发育阶段，学校劳动的审美效果在很大程度上将取决于劳动的内容和教师的组织作用。劳动的组织应符合学生的年龄特征和青少年智力与体力的发展水平，有利于激发学生的劳动兴趣和积极性。劳动的内容和强度都应适当，同时又需有一定的难度。这样，青少年在劳动中才能够努力克服困难，且充分发挥他们的才智和创造力。青少年精力充沛，他们渴望行动而不愿观望、等待。学校应当创造一切条件来组织丰富多样的劳动活动。教师除引导学生参加课外阅读、艺术、体育等活动外，还应创造条件广泛组织学生按照各自的兴趣参加木工、金工等小组活动，从事缝纫、编织以及种植、饲养等多种形式的劳动。学校要为满足每个学生的兴趣、爱好，为充分发挥他们的创造性提供广阔的天地。即使是一些在文化学习上暂时有困难的学生，也会在内容丰富、形式多样的劳动活动中找到表现自己天赋和才能的机会。这种成功会增强他们的自信心，帮助他们克服学习上的困难。

　　"以劳树德、以劳增智、以劳强体、以劳育美、以劳创新"是中国特色社会主义劳动教育的重要特征。劳动的多样性决定了劳动教育的多元化，劳动教育是五育融合的起始点和凝结点。在社会主义教育中，劳动教育既是教育内容，也是教育目的，意在培养青少年的劳动本领，引导他们树立劳动光荣的价值观念，保持作为社会主义国家主人翁的劳动本色。从这个意义上说，劳动教育是培养社会主义建设者和接班人的重要途径。

第二章

建构形式多样的劳动教育课程体系

第一节　营造丰富的劳动教育校园文化

　　校园文化是劳动教育的重要载体，对于学校开展劳动教育具有重大意义。当前学校的校园文化建设仍普遍存在劳动教育缺失的问题，客观上制约了劳动教育的深入开展。为此，需要从学校精神载体、教职员工、身边榜样、文化活动、新媒体平台、物质制度环境六个维度，全面强化校园文化建设对劳动教育的支撑作用，切实提升劳动教育的实际效能，努力构建德智体美劳五育并举的育人格局。

一、校园文化对学校加强劳动教育的功能支撑

　　学校校园文化是指师生共同认可、坚守、传承的价值观念，是时代精神在学校的客观反映，是社会主义办学原则和指导方针在学校的集中呈现。充分发挥学校校园文化的引导、规范、激励、教育、凝聚功能，对加强劳动教育，培养德智体美劳全面发展的社会主义建设者和接班人具有重要意义。

1. 校园文化建设有利于学校整合劳动教育资源

　　英国人类学家泰勒（Edward B. Tylor）认为，文化具有复合性，"文化是一个复杂的总体，包括知识、信仰、艺术、道德、法律、习俗，以及人类在社会里所能得到的一切能力与习惯"。正如校园存在于社会中一样，校园文化同样是社会文化的有机组成部分，是镶嵌于社会文化大环境之中的一种与众不同的、独具特色的亚文化形态。校园文化作为一种社会现象，同样具有复合性的特点，蕴含着学校的历史传统、领导风格、教师教风、学生学风、课堂教学、校园环境、制度规范等丰富内涵。校园文化建设的多元化载体和多样化形式，为劳动教育的有效开展提供了广阔的平台，拓宽了劳动教育的实践形式，形成

了多部门、多载体、多形式共同培育学生劳动价值观的合力；而劳动教育的深入开展，又会为校园文化建设注入劳模精神、劳动精神、工匠精神等鲜活元素，进一步丰富校园文化建设的内涵和层次，为校园文化建设提供有力抓手，二者相辅相成，共同服务于人才培养目标的实现。

2. 校园文化建设有利于学校营造崇尚劳动的浓厚氛围

在漫长的历史文化长河中，世世代代的中华儿女通过辛勤劳动创造了辉煌灿烂的中华文明，孕育了具有丰富内涵和深远影响的劳动思想，精卫填海、夸父追日、后羿射日、愚公移山、女娲补天、大禹治水、钻燧取火等神话故事均反映了古人对劳动的赞美和对命运的抗争。例如，明末清初思想家颜元就非常重视劳动教育，他认为"养身莫善于习动，夙兴夜寐，振起精神，寻事去做，行之有常，并不困倦，日益精壮"。可见，中华民族自古以来就拥有尊重劳动、崇尚劳动、礼赞劳动的悠久传统。辛勤劳动、诚实劳动、创造性劳动，不仅是中华民族数千年来繁衍生息的基本保障，而且是我们继续屹立于世界民族之林的宝贵精神财富和强大精神动力。然而，在多元文化和不良消费主义的冲击下，中华民族的这一优良传统并没有得到很好的传承和发扬。在校园文化建设中，一方面要深入挖掘蕴藏在传统文化中的劳动教育资源，使学生从传统文化中汲取营养，树立正确的劳动价值观；另一方面要开展丰富多样的劳动实践活动，使学生通过身体"在场"的劳动体验，实现由"身"到"心"及"身心合一"的劳动教育实践，进而在学生中营造崇尚劳动的浓厚氛围。

3. 校园文化建设有利于学校劳动精神的凝练传承

文化具有传承性的特点。文化一经形成就会被他人模仿、借鉴，产生一定的扩散效应，包括在代与代之间进行纵向传递和在地域、民族之间进行横向传递。校园内要形成经久不息、代代相传的崇尚劳动的浓厚氛围。这样的校园氛围一旦形成，学生会在无形中受到熏陶和感染，从而实现劳动教育的"润物细无声"。正如著名教育家涂又光先生所言："校园是泡菜坛，文化就是泡菜水，学生就是泡菜；有什么样的泡菜水，就会制作出什么样的泡菜。"对学生进行系统的劳动教育，引导其树立正确的劳动价值观，就相当于在全社会播下一粒希望的"种子"，进而孕育出全民热爱劳动、崇尚劳动、尊重劳动者的"硕果"。

二、学校校园文化建设中劳动教育缺失的常见问题

从现实情况来看，校园文化尚未成为劳动教育有效开展的重要载体。校园文化建设中仍普遍存在"重视物质环境的改善，忽视劳动精神的凝练""重视学生的主体地位，忽视教师的主导作用""重视文化活动的多样性，忽视以劳动教育为导向的统一性"等亟待解决的问题。这些问题的存在，不仅阻碍了劳动教育的顺利实施，也从根本上制约了德智体美劳全方位育人格局的构建。

1. 重视物质环境的改善，忽视劳动精神的凝练

美丽整洁的校园总是让人心旷神怡。近年来，有些学校将校园物质文化建设片面地理解为修葺漂亮建筑、购置硬件设施，津津乐道其数量和外观，而弱化了对物质环境所应承载的学校精神的凝练和塑造。其实，每一所学校都是在艰苦奋斗中创造、在锐意进取中改革的，都有着自己独有的办学理念和办学特色。如果学校的物质环境建设脱离了学校在发展过程中所秉承的劳动理念、涌现出的劳动楷模、蕴含其中的劳动精神，单单为建而建的建筑再漂亮，也不是真正意义上的物质文化环境，从而失去了物质文化建设对学校加强劳动教育的根本意义。

2. 重视学生劳动教育的主体地位，忽视教职员工劳动教育的主导作用

有些学校把校园文化建设片面地理解为学生的文化活动，把加强校园文化建设等同于组织学生开展形式多样的文体娱乐活动，导致活动组织者疲于应付、活动参与者应接不暇。在这样的大环境下，本应作为学校校园文化建设主导和主力的教职员工，日渐成为校园文化建设的旁观者，从而制约了校园文化促进劳动教育这一重要功能的发挥。

3. 重视文化活动的多样性，忽视以劳动教育为导向的统一性

丰富多彩的校园文化活动能够使学生保持身心健康，提高学习效率。于是，学校各级学生组织大力开展形式多样的文体娱乐活动，极大地丰富了学生课余文化生活。为了吸引学生的积极参与，这些活动往往娱乐性偏多而启迪性较少，加强劳动教育的导向不突出，思想引领的作用不充分。因此，学校在丰富文化活动形式的基础上，更应重视活动主题的统一性和导向性，开展主题鲜明、内容丰富、形式多样的系列文化活动。

三、劳动教育与学校校园文化有机融合的实践路径

校园文化像和煦的春风一样，飘散在校园的各个角落，渗透在师生员工的价值理念和言谈举止之中，体现在他们的教学、研究、学习、做人、做事的态度和情感之中。实现劳动教育与校园文化相结合，将劳动观、劳动精神融入师生员工的学习、工作和生活中，是学校加强劳动教育、构筑德智体美劳全方位育人格局的可行路径。

1. 让学校精神载体成为劳动教育的思想引领

学校精神载体主要包括校史、校训、校歌等。在开展劳动教育的过程中，着重挖掘校史中关于开拓创新、奋力拼搏、迎难而上、自强不息的典型人物和故事，并用图片、话剧、视频等手段还原历史，让师生员工深刻领会劳动创造历史、劳动开创未来的道理。莞城中心小学"悦纳至正"的校训短小精悍、言简意赅、便于记忆，是学校教育理念、人文精神、历史文化积淀的高度凝练。它渗透在学校的办学目标、管理制度、学科建设、人才培养等方面，贯穿学校育人全过程，在学校开展劳动教育的过程中具有灵魂和航标的作用。校歌以情感人，易于传唱，一直是广大校友情之所系，每次吟唱总能忆起校史中那些难忘岁月，也见证了一代代校园人拼搏奋斗的美好时光。莞城中心小学的校歌和《洪钟励志歌》体现了代代师生的奋斗历程与雄伟壮志。融入劳动思想、弘扬劳动精神的校歌，在传唱中自然于无形中加强了劳动教育理念。

2. 让学校教职员工成为劳动教育的先锋示范

育人者必先育己，立己者方能育人。学校教职员工不仅要"传道、授业、解惑"，还要切实做到"行为世范"，通过言传身教，激励引导学生树立正确的价值理念。在评选"最美教师"活动中渗透劳动教育，引导学生辛勤劳动、诚实劳动、创造性劳动。学校要在加强师德师风建设上下功夫，将劳模精神、劳动精神、工匠精神纳入师德师风的内涵体系中，将师德师风建设与思想政治工作、教学科研工作同研究、同部署、同落实；在深化新时代教育体制改革、建立科学的教育评价体系上下功夫，用劳动教育的内涵丰富办学理念，着力建设一支为人师表、治学严谨、认真负责、耐心细致、开拓进取的高水平教师队伍；在宣传引导上下功夫，重视模范教师的选树工作，广泛宣传优秀教师崇尚

劳动、勤于劳动、以身作则、率先垂范的先进事迹，以教师高尚的人格魅力和模范的言行举止为学生树立标杆。

3. 让学生的身边榜样成为劳动教育的时尚表率

任何时候，校园内都不缺乏向上向善的感人故事，总有自力更生的励志传奇，还有艰苦奋斗的勤奋典范。这些榜样就在学生身边。为此，我们利用学校的少先队这一阵地，通过"寻找最美劳动少年"活动，挖掘普通学生中勤奋刻苦、诚实守信、乐于助人、勇于创新的点滴，以他们的劳动经历引导在校学生正确认识劳动，积极参与劳动。

4. 让学校物质制度环境成为劳动教育的肥沃土壤

完善的校园设施，为开展丰富多彩的寓教于文、寓教于乐的劳动教育活动提供了重要阵地；健全的制度体系，为开展劳动教育提供了坚强的制度保障。重视校园楼宇文化建设，在教学楼、办公楼、图书馆、宿舍、食堂等主要场所，以图片、实物、文字、视频等多样化形式，充分展示各领域劳动模范和大国工匠的成长历程、卓越业绩，使劳模精神有机融入师生员工的日常学习生活中，鲜活自然地传播弘扬劳模精神、劳动精神和工匠精神。打造劳动教育文化墙，在文化广场、运动场等人员较为集中的地区，集中展示劳动理念、劳动标语、劳动模范、劳模事迹等内容，增强师生员工的思想认同感。建立劳动教育课程标准和教学评价制度，健全师资队伍考核激励机制，制定劳动教育相关奖学金和荣誉评选实施细则。努力让这些不会"说话"的物质、制度、环境发挥正向的激励作用，引导师生员工崇尚劳动、开拓进取，通过制度建设营造浓厚的劳动教育氛围，涵养深厚的劳动情怀。

5. 让学校文化活动成为劳动教育的有力抓手

在"开学第一课"中融入劳动教育内容，庄严的升旗仪式后，为学生上了"开学第一节思政课"——"劳动·创造·美好生活"。这节思政课以时间为线，用古往今来的一些典型事例串起主题，从"劳动创造人类""劳动创造文明""创新劳动推动发展"三个方面带领学生一起感受这个主题的深刻意义。从北斗的成功升空，到创新劳动在2020年新冠防疫中起到的关键作用，再到华为的困境与破局之路……一张张生动的图片，一个个生动的视频，让师生深切感受到了创新劳动的重要性。最终，大家回归2021年的时代环境，回归中心校园，一起欣赏了各年级寒假期间的创意劳动实践成果。"开学第一节思政课"，让"劳动·创造·美好生活"的观念如春日的种子，深深地种进了学校师生的心田。

通过"国旗下的讲话"让学生懂得劳动是世界上一切欢乐和一切美好事情的源泉，劳动是最可靠的财富。因为劳动，人类社会才得以不断进步发展。通过学校红领巾广播站，开展"劳动最光荣""劳模故事""大国工匠"等活动，在校园中传播劳模故事、展示精湛技艺、弘扬劳动精神；开展以弘扬劳动精神为主题的摄影大赛、微视频大赛、征文大赛等，发挥学生的主观能动性和创造力，引导他们深入理解劳动的内涵，主动宣传劳动精神，自觉践行劳模精神；以"探劳模成长历程""弘扬劳模精神"为主题组织社会实践活动，带领学生深入劳模的工作单位，感受一线劳动的魅力。

6. 让学校举行展示竞赛成为劳动教育的催化剂

学校根据不同年龄段学生的特点，从生活小事入手，制定不一样的劳动技能教学内容，开展不一样的劳动技能竞赛，让学生们展示习得的劳动技能，增强他们的独立生活能力，培养他们热爱生活、热爱劳动的优良品质。

一个学期即将落下帷幕，为了检查低年级学生在这一学年开展扫地、系鞋带、整理书包、叠衣服和洗餐具等一系列劳动技术教育课程的情况，2021年1月18日上午，学校组织学生开展了一次别开生面的系鞋带和叠衣服比赛。

中年级学生在这学期开展了收拾、整理房间，美化房间，美化课室等一系列劳动技术教育课程。无论是在课堂上教师对收纳、整理、美化等巧妙方法的传授，还是学生的实操行动，无一不洋溢着浓郁的劳动教育氛围。

高年级学生开展烹调系列的劳动技术教育课程。课堂上教师以引导学生完成任务单的方式，让学生在自由发现烹调乐趣的过程中习得烹调的技巧，乐于为家人做一道道饱含爱意的菜。

学校还利用学校大天井，为学生提供展示自己作品或劳动成果的机会，让学生看到自己的劳动成果获得别人的认可，从而获得成功的喜悦和自我满足感。学校开展的展示及竞赛活动也成为劳动教育的催化剂。

7. 让学校新媒体平台成为劳动教育的重要阵地

学校在灵活运用橱窗、海报、墙报等"线下"媒体的基础上，主动抢占新媒体阵地，推出更多轻量化、可视性高、互动性强的新媒体宣传作品；掌握网络传播的规律，依据"网络原住民"的媒体接触特点，用平视的角度、平和的心态、平等的互动实现劳动教育的"线上传播"。打造"身边劳模""我身边的最美劳动者""少年劳动之声""秀秀我的劳动作品""百年中心·素质"等形象生动的多媒体产品，提升劳动教育的吸引力；开设线上栏目，将校园人物的典型事迹用图文、视频或快问快答等方式呈现，增强劳动教育的感染力；通过微直播、微图说、微寄语等板块，鼓励师生参与讨论劳动教育话题，分享劳动教育感悟，提出劳动教育建议，增强劳动教育的互动性。讲述制作故事，分享劳动理念，探讨劳动精神。通过多元化的方式，增强劳动教育的时代感、吸引力、感染力和渗透力，切实让劳动教育"活起来""实起来""酷起来""火起来"。

≫附1：开学第一课教学设计

"劳动·创造·美好生活"教学设计

——校长"开学第一节思政课"

【设计思路】

以时间为线，用古往今来的一些典型事例串起主题，最终回归2021年的时代环境，回归中心校园，总结展示学生寒假作业，提出校长的期冀。

【教学过程】

一、导入：开篇解读主题

在今天的开学典礼上，我要和大家一起分享的"开学第一节思政课"的学习主题是"劳动·创造·美好生活"。

这个主题中有三个关键词，连起来读是一句话，但中间的间隔符号表示这三个词语其实也是相对独立的。

今天，让我们一起顺着时光隧道，回到千万年前，感受劳动创造美好生活的过程。

二、回溯：劳动创造人类

相信课外知识丰富的你们一定知道，人类是由什么动物演变而来的。是的——古猿。

大约在几千万年前，由于大地和气候条件的巨大变化，森林面积减缩，古猿不得不从森林中走出，去适应地面生活。为了适应新的环境，他们的后肢渐渐专门用来支撑身体，于是便学会了直立行走，并慢慢学会利用前肢，把自然界的一些现成的物体，如树枝、石块等当作工具来获取生活资源。这就是最原始的劳动。所以说，是劳动创造了人类。

三、感受：劳动创造文明

慢慢地，人类祖先开始了创造，逐渐由利用现成工具发展到了学着制造工具，如刀斧、弓箭等。

劳动让人类一路从刀耕火种走到文明，后来，人类又创造了更多的工具，创造了文字，创造了艺术等。

像中国古代的四大发明，就都是在劳动中创造的。大家知道是什么吗？是的——这四大发明分别是造纸术、指南针、火药和印刷术。

因为不断有创造性的劳动，人类社会才不断进步。可以说，是劳动创造了人类文明。

四、举例：创新劳动推动发展

时间来到了21世纪，创新的劳动推动着时代发展，在这个信息化的时代，劳动创造着美好生活。在这里，我想为大家举几个真实的例子。

1.先说让所有中国人骄傲的北斗。浩瀚的星空充满了无穷的想象和可能，但长久以来，美国GPS"独霸天下"，占据了时空定位的话语权。2020年6月23日，我国的北斗点亮了世界卫星导航的天空。请看视频。（视频）北斗成功的背后，凝聚着无数人的劳动汗水。美国GPS等导航系统都是以单一轨道卫星部署星座的，但中国北斗创造性地采用三种轨道卫星组成混合导航星座。独特的"中国方案"，让北斗系统拥有众多其他卫星导航系统所没有的优势。

2. 说到过去的2020年，不可能不说到创新性的劳动在这次新冠肺炎防疫中立下的赫赫战功。比如，我们要进入某个场所，都会有工作人员要求我们打开手机出示什么？——是的，健康码！健康码的研发与推广，让健康证明从纸笔时代一跃进入信息时代，方便防疫部门获取每个人的位置和行程，并以此来判断高风险人群接触史；比如，中国无数病毒研究人员在疫情发生之初，便与病毒拼速度、抢生命，从新冠病毒基因诊断试剂盒，到现在疫苗的面世，这种创造性的劳动，为人们筑起了一道隔绝病毒的最安全的长城。

3. 说到这里，也许同学们已经感受到了"劳动·创造·美好生活"的意义。刚才我举的都是令我们骄傲的例子。但其实，现在国际形势日益复杂，我们每个中国人心中都应该有危机意识。比如说大家都非常熟悉的华为。近几年来，华为的5G工程一骑绝尘，引领全球。但是，美国看到华为的创新崛起，便开始对华为进行疯狂打压。美国禁止任何含美国技术的企业向华为售卖先进制程芯片。而如果没有这些芯片，华为将很难生产新一代智能手机、蜂窝网络设备或其他电子产品。因此，华为迎来了最艰难的时期，相当于被美国卡住了脖子。其实，关于"卡脖子"问题，习近平总书记不止一次提及，他指出："要更好发挥自己的优势，在关键领域、卡脖子的地方下大功夫。"习总书记打过一个生动的比方，供应链的"命门"掌握在别人手里，"那就好比在别人的墙基上砌房子，再大再漂亮也可能经不起风雨，甚至会不堪一击"。而要解决这些"命门"和"卡脖子"问题，关键就要靠科技创新，要靠我们中国人用自己的创新劳动攻克芯片的研制难关！现在，华为在努力，中国的许多研发机构都在努力。我们相信，有着辉煌劳动创造历史的中国人，一定会是最终的胜利者。

五、分享：寒假劳动成果

同学们，劳动创造美好生活，作为祖国建设未来的接班人，你们要树立这样的意识，并朝之努力。在刚过去的这个寒假，我知道每一个同学都进行了别开生面的创意劳动实践，大家看，创意利是封、创意窗花、创意花灯、创意插花、创意春节美食、创意春联，同学们在劳动中发挥着创意，感受着春节的美好，这不也是劳动创造美好生活的注解吗？

六、总结：提出校长期冀

这个寒假，就在新年前夕，习近平总书记通过中央广播电视总台和互联网发表了2021年新年贺词。总书记对所有的中国人都提出了殷切的期望，大家请看。（播放视频片段：站在"两个一百年"的历史交汇点，全面建设社会主义现代化国家新征程即将开启。征途漫漫，惟有奋斗。我们通过奋斗，披荆斩棘，走过了万水千山。我们还要继续奋斗，勇往直前，创造更加灿烂的辉煌）

2021年是我们伟大的中国共产党向第二个百年奋斗目标进军的第一年。我们成长在一个伟大的时代，回望历史，我们今天的美好生活都凝结着劳动者的创造与汗水。我们享受着这样的美好生活，同时，我们也要时刻做好接过接力棒的准备。未来属于你们！希望每一个同学都能用自己勤劳的双手、伟大的创造，共同托起我们中华民族伟大复兴的中国梦！请牢记——劳动创造美好生活！

▶▶附2：国旗下的讲话演讲稿

国旗下的讲话——劳动最光荣

尊敬的各位老师、亲爱的同学们：

大家好！今天我演讲的题目是《劳动最光荣》。

马克思曾说："任何一个民族，如果停止了劳动，不用说一年，就是几个星期也要灭亡。"大发明家爱迪生说过："世界上没有一种具有真正价值的东西，可以不经过辛勤劳动而能够得到的。"毛泽东有句名言："一切坏事都是从不劳而获开始的。"的确，劳动是世界上一切欢乐和一切美好事情的源泉，劳动是最可靠的财富。因为劳动，人类社会才不断进步发展。

劳动是打开幸福之门的钥匙，是每个公民的根。劳动是人的进化。劳动是防止一切社会病毒的伟大消毒剂。

生活中，劳动必将是一笔难得的人生资源和财富，人生的绚丽和精彩都是在不断的劳动中、在勇于创造的过程中写出来的。

作为一名小学生，我们要记住以下几点：

首先，我们应当牢记自己的学习使命。培养高尚的情操，掌握丰富的知识，学会更多的技能，为将来成为一名优秀的劳动者打下坚实的基础，因为知识就是力量，我们学会的知识越多，将来就能为祖国、人民做出更多的贡献。

其次，我们应该从小养成爱劳动的好习惯。在家里，自己的衣服自己穿，自己的床铺自己叠，自己的书包自己理；在学校，积极打扫卫生，时刻保持环境的整洁；在社会上，积极参加力所能及的公益活动，培养自己的适应能力。

我们要珍惜劳动成果。"谁知盘中餐，粒粒皆辛苦。"我们要从身边的小事做起，不浪费每一粒米、每一滴水、每一分钱。

我们要尊重每一个劳动的人。劳动最光荣，劳动的人最美。无论是白领还是农民工，无论是科学家还是清洁工，他们都是光荣的劳动者，都应该得到尊重。

我们的幸福生活来源于父母的日夜操劳，来源于老师的辛勤工作，来源于全社会广大劳动者的共同奉献，让我们向他们致敬，向他们问候！

同学们，从今天开始，从现在开始，用我们的双手去劳动、去酿造更甜美更高尚的生活吧！

因为——劳动最光荣！

我的演讲完毕，谢谢大家。

附3：红领巾广播站广播稿

劳动创造美好生活

女：留住一缕清风，播撒明天的希望；付出一份真诚，打造爱的世界。

男：在万物复苏的季节里，在朝气蓬勃的日子里，红领巾广播又和大家见面了！

女：我是三（3）中队的李玮奕。

男：我是三（3）中队的王鑫，本期红领巾广播的主题是《劳动最光荣》。

女：大家知道五一节是怎么来的吗？为什么有五一节呢？

男：我不太清楚，相信广播前的同学们和我一样好奇吧！

女：五一国际劳动节，又称"五一节"，在每年的5月1日。它是全世界无产阶级劳动者的节日。

1886年5月1日，芝加哥的20多万工人为八小时工作制而举行大罢工，经过艰苦的流血斗争，终于取得了胜利。为纪念这次工人运动，特将每年的5月1日定为"国际劳动节"，这一决定得到了世界各国工人的响应。从此，每逢这天，世界各国的劳动者都要集会、游行，以示庆祝。中国历史上的第一个五一劳动节是1920年5月1日。节日里，举国欢庆，人们换上节日的盛装，兴高采烈地聚集在公园、剧院、广场，参加庆祝集会或集体娱乐活动，并对部分劳动者进行表彰。

男：哦，原来五一节是无数工人流血斗争换来的。真是不容易！

男：是啊，在享受五一假期时，我们也要学习劳模，把爱岗敬业的精神转化为勤奋学习的动力！

女：对呀！谁说花儿只供人欣赏，而不努力争取阳光？谁说蚂蚁只坐吃山空，而不争相寻找食物？谁说人们一切的财富信手拈来，而不劳动呢？那被人们赞美无数次的蜜蜂，曾在掌声的背后付出多少辛劳！

男：在平时生活中我们不难发现，同学们参加劳动时怕这怕那，有的同学可以说是根本不爱劳动。他们懒得铺床叠被，懒得洗袜子、洗红领巾，懒得收拾书包、收拾桌子，甚至懒得洗脸、洗脚，连喝水也懒得自己倒，在家里一切都由家长做，连书包也是家长背。

女：作为一名小学生，我们从小就要树立正确的劳动观点、劳动意识，养成劳动习惯，珍惜劳动成果，做一些力所能及的家务活儿，比如洗碗筷，洗红领巾、袜子等。爸爸妈妈很辛苦，难道我们不能帮他们分担一些家务吗？

男：那么，你在家里做过家务吗？

女：我会做的可多了，扫地、擦桌子、洗碗、洗衣服、择菜……

男：哦，你真能干，那你做家务的时候，快乐吗？

女：那当然，看到劳动后的成果，开心。

男：看来呀，只要肯劳动，就能收获许多。

女：对呀，动动手，你就能够把房间打扫得干干净净，还可以每天把自己打扮得大方得体，还能够帮爸爸妈妈分担家务……

男：看，说了这么多，其实就是劳动最光荣。

女：有人问，世界上最美的手是谁的手？相信此刻，大家一定能告诉他，那就是劳动者的手。

男：劳动是人间最亮丽的风景线，幸福的生活要靠劳动创造。

女：要学喜鹊造新房，要学蜜蜂采蜜糖，劳动的快乐说不尽，劳动的创造最光荣！

男：同学们，时间过得真快！——红领巾广播站又要与大家说"再见"了！

女：本周的每周一歌，请同学们欣赏《劳动最光荣》，下期红领巾广播，我们再见！

附4：劳动展示方案

一、二年级"自理小达人"活动方案

一、活动目的

为了促进学生在生活自理方面养成良好习惯，提高学生的动手能力，让学生得到全面、和谐的发展，一、二年级开展以"自理小达人"为主题的实践能力比赛，让学生们深刻地体会到自己的事情自己做的道理，让劳动成为习惯。

二、活动时间

2021年1月18日（上午）。

三、活动人员

小学一、二年级同学。

四、比赛地点

各班教室。

五、比赛内容

一年级：绑鞋带、整理书包等。

二年级：整理书包、戴红领巾、叠衣裤。

六、赛前准备

PPT、计时器、奖状。

七、比赛方法

1. 班级学生分为男、女两组，轮流参加比赛，一组比赛，另一组和教师一起做评委。将书包里的物品打乱，全部掏出来放在桌上，待发令哨子一响，比赛开始。

2. 先整理书包，然后学生脱掉校服上衣进行整理，整齐地放在桌上。全班分场进行，由评委打分，根据总分，每场胜出一名选手，直接晋级决赛。

3. 比赛时间：限时10分钟完成。

4. 每班选出前两名选手参加年级比赛。

八、评分细则

1. 评分办法：完成项目所花时间最少、完成质量最好的为优胜选手。

2. 要求衣服叠整齐，可以参考叠衣服儿歌：

衣服小宝宝，快快来躺好，

左手抱一抱，右手抱一抱，

先来点点头，再来弯弯腰。

裤子小宝宝，快快来躺好，

左腿压右腿，再来弯弯腰，

都是好朋友，快快来放好。

3. 红领巾按正确的方法戴在衣领下面，这样才不容易松脱。

三折披上肩，

左边压右边，

左边绕一圈，

小角圈中过，

两角拉拉紧。

4. 整理书包：要求将文具装在文具盒里，书本分类装好并放进资料袋里，按照大书在下、小书在上的顺序收拾整齐，拉好拉链。以收拾时间短、整齐为准。

小文具，盒里放；

按科目，分类装；

按大小，摆整齐；

勤整理，我最棒！

九、资料收集

1. 评比教师：每个环节各拍1张照片，选1个有序的环节拍15—30秒的视频，共上交4张照片和1个视频。

2. 报道撰写：李沁旅

3. 奖状准备：王敏茵（每班5张，提前拿去盖章）

➤➤ 附5：劳动展示报道

慧心习技能，自理创美好

——莞城中心小学一年级第一学期劳动技术教育比赛侧记

一个学期即将落下帷幕，为了检查一年级学生在这一学年开展扫地、系鞋带、整理书包、叠衣服和洗餐具等一系列劳动技术教育课程的情况，2021年1月18日上午，我校组织一年级学生开展了一次别开生面的"系鞋带和叠衣服"比赛。

"系鞋带"比赛开始了，现场的气氛既紧张又激烈。"预备——开始！"随着一声口令，选手们拿起鞋带飞快地穿梭，鞋带在一双双巧手的牵引下，化身为扎实的"蝴蝶结"……在短短的时间内，一只只小手高高地举了起来，示意比赛完成。每一个孩子的脸上都洋溢着劳动的喜悦，课室里到处充满着欢声笑语。

接着是"叠衣服"比赛。瞧！孩子们叠得多认真，有的孩子还边叠边轻轻地念顺口溜："衣服小宝宝，快快来躺好，左手抱一抱，右手抱一抱，先来点点头，再来弯弯腰……"在师生的加油声中，孩子们舞动着灵巧的双手，将衣服叠得十分规整、美观。赛后，各个班还评出了"劳动小能手"。

本次比赛，我们从生活小事入手，让孩子们展示习得的劳动技能，增强他们的独立生活能力，培养孩子们热爱生活、热爱劳动的优良品质。在未来的日子里，相信孩子们一定会用自己灵巧的双手，习得更多的劳动技能，让自己的生活变得更加美好。

➤➤ 附6：百年中心·作业清单

玩转"利是封"

——2020—2021学年度莞城中心小学一年级寒假作业

新年到，

真热闹，

家家户户放鞭炮。

穿新衣，

戴新帽，

利是一到乐陶陶。

这个寒假，就让我们一起围绕"利是封"开展一次探究活动吧！

第一站：滔滔不绝说"利是"

1. 查一查：与大人一起查阅"利是"的来历、寓意等。

2. 看一看：阅读相关绘本，如《年》《春节》《过年啦》等。

3. 讲一讲：把相关的绘本故事说给大人听。

第二站：各显神通创"利是"

听一听，跳一跳。

听儿歌《恭喜发财红包拿来》（链接：http://www.boosj.com/8087399.html），练习跳绳。歌曲停下来后，我能跳（　　）下绳。（每天跳一次）

小红包，我设计。

（1）我制作的"利是封"是（　　）。

A. 电子"利是封"　　　　　　　　B. 纸质"利是封"

（2）我制作的"利是封"有（　　）种图形，有（　　）种颜色。

（3）我在制作"利是封"前还融入了（　　）的理念。

A. 变废为宝　　　B. 节能环保

小红包，我设计

第三站：兴致勃勃画"利是"

1. 画祝福。在"利是封"上写上祝福语，送给亲朋好友。

2. 话祝福：拿着自己亲手制作的"利是封"向大人拜年。（还可以用英文说祝福）

良好习惯养成表

古诗背诵	家长签名		绘本阅读	家长签名	
《江南》			《爱心树》		
《长歌行》			《四个太阳》		
《敕勒歌》			《猜猜我有多爱你》		
《咏鹅》			《"歪脑袋"木头桩（美绘注音版）》		
《风》			《大卫，不可以》		
《咏柳》			《我的爸爸叫焦尼》		
《回乡偶书》			《爷爷一定有办法》		
《登鹳雀楼》			《月亮的味道》		
《凉州词》			我还阅读了以下书目：		
《春晓》			《　　　　　》		
《出塞》			《　　　　　》		
《凉州词》			《　　　　　》		

我运动，我快乐

日期	每天跳绳次数	我还做了其他运动
1月24日		

家长签名：＿＿＿＿＿＿＿

窗花迎春

——2020—2021学年度莞城中心小学二年级寒假作业

二（ ）班 姓名（   ） （ ）号

这个假期，就让我们围绕"窗花迎春"这个主题，进行一系列有意思的学习活动吧。

项目一：看与写——"阅"花花

一、活动建议

1. 阅读一本书。推荐书目：《不一样的春节》（青岛出版社）、《剪窗花》（河北美术出版社）、《春节的故事》（海天出版社）和《生肖排位谁第一》（海豚出版社）等。

2. 观看一部电影。推荐影片：中英文版《花木兰》《我们诞生在中国》《音乐之声》《红剪花》等。

二、我的收获

1. 我最喜欢的一本书是＿＿＿＿＿＿＿，因为＿＿＿＿＿＿＿＿＿＿＿＿

＿＿＿＿＿＿＿＿＿＿＿＿＿＿＿＿＿＿＿＿＿＿＿＿＿＿＿＿＿＿＿＿。

2. 我最喜欢的一部电影是＿＿＿＿＿＿＿，因为＿＿＿＿＿＿＿＿＿＿＿

＿＿＿＿＿＿＿＿＿＿＿＿＿＿＿＿＿＿＿＿＿＿＿＿＿＿＿＿＿＿＿＿。

备注：请在2月6日前，每人交3张照片（看电影、阅读推荐书目、填写好的"我的收获"照片各1张）。

项目二：学与做——"美"花花

一、活动建议

1. 网络大搜查：收看学校提供的《剪窗花》视频或在网络上查找几个剪窗花的视频，反复观看，学习剪窗花，并了解窗花的寓意。

2. 市场买买买：在家人的陪伴下，去商场购买剪窗花所需物品，并统计所需要的费用。

所需物品	价格	数量	合计	备注

3. 剪纸我来学：亲自动手制作窗花作品。记得把剪窗花的过程拍成精彩的录像，在家人的帮助下进行剪辑、配乐，形成一个小视频，发到班级群与同学们分享。

4. 窗花来装饰：将自己的房间打扫干净，用最得意的窗花作品来布置房间（记得请家人拍照片或录制小视频）。

二、我的收获

我一共剪了（　　）个窗花，我剪的窗花是＿＿＿＿＿＿＿＿＿＿＿＿＿＿。

在这次剪窗花中，我的体会是＿＿＿＿＿＿＿＿＿＿＿＿＿＿＿＿＿＿

＿＿＿＿＿＿＿＿＿＿＿＿＿＿＿＿＿＿＿＿＿＿＿＿＿＿＿＿＿＿。

我最得意的窗花作品名叫＿＿＿＿＿＿＿＿，它的寓意是＿＿＿＿＿＿＿＿

＿＿＿＿＿＿＿＿＿＿＿＿＿＿＿＿＿＿＿＿＿＿＿＿＿＿＿＿＿＿。

注：（2月10日前上交以下成果）

①上交6—7张照片（1张采购材料过程、1张已填好的费用统计表、1张剪窗花照片、1—2张窗花作品照片、1张孩子与窗花合照、1张贴窗花照片）。

②剪窗花、秀窗花、贴窗花三选一，上交2分钟内的短视频（可以是照片集成视频）。

<h3 align="center">项目三：行与乐——"乐"花花</h3>

活动建议：

伴着新年音乐的旋律，愉悦地进行花样跳绳、坐位体前屈、高抬腿等运动项目，每天锻炼1小时。

注：学唱中文歌曲《恭喜恭喜》、粤语歌曲《卖懒歌》、英文歌曲*Happy new year*，以上歌曲三选一当伴奏，进行亲子运动或亲子舞蹈，2月10日前上交2

分钟内的短视频。

温馨提示：

1. 放假时间：1月23日—2月20日。

开学时间：2月21日（星期日）上午8：30前回校，在家吃早餐，11：00放学。

2. 在假期里，请小朋友们做好个人防护，出门戴好口罩，勤洗手，还要注意饮食安全，合理安排作息，积极锻炼身体。非必要不离莞，不到中高风险地区，过一个安全、健康、快乐的假期！

莞城中心小学二年级

2021年1月22日

玩转灯笼乐园

——2020—2021学年度莞城中心小学三年级寒假作业

大红灯笼高高挂，既是欢迎游子回家的喜悦，也是对新的一年红红火火的企盼。喜放礼炮福满地，高挂灯笼喜盈门。除夕前张灯结彩，春日里寻香探花。这个假期，就让我们围绕"创意灯笼"这个主题，进行一系列有意思的学习活动吧。

项目一：在文字中了解灯笼

活动建议：

小朋友们，你知道灯笼最早是什么时候有的吗？为什么叫"灯笼"呢？挂灯笼有哪些寓意呢？……请你动动脑筋、动动小手、张张小嘴，收集资料，了解灯笼的相关知识吧。

要求：完成《资料卡》，图文并茂，设计合理。

项目二：在实践中制作灯笼

发挥想象，制作创意灯笼。

活动建议：

1.【我会设计】你准备制作一个怎样的创意灯笼？请把你准备制作的创意灯笼用A4纸画出来，并写出你的设计理念。

2.【我会规划】想一想，你要制作的创意灯笼需要什么材料？这些材料需要多少钱？规划以后，填好下表（表格不够可适当增加）。

材料	数量	单价	总价
总造价			

3.【我会制作】选择合适的材料制作创意灯笼，下学期回校后带到学校展示。

项目三：在语言中传唱灯笼

活动建议：

用英语来介绍自己制作的创意灯笼（This is my lantern. It's big/long/red/beautiful...），或拿着自己制作的创意灯笼用英语说几句拜年的话（Wish you good luck in new year等），并录成一个小视频（时长：1分钟左右）。

拿着自己制作的创意灯笼，用家乡话学唱一首拜年的歌曲，或与春节有关的歌曲，或含有"灯笼"二字的歌曲。

项目式学习资料卡（春节文化探究，结合劳动技术教育三年级"创意灯笼"

活动制作）

收集人：		收集日期：	
主题：			

花花世界

——2020—2021学年度莞城中心小学四年级寒假作业

2020，实"鼠"不易；2021，"牛"转乾坤！让我们以迎接一朵花开的心情，去迎接一个新年的到来吧。这个假期，就让我们围绕"花花世界"这个主题，进行一系列有意思的学习活动吧。

项目一：读读好书

一、活动建议

阅读《一粒种子的旅行》《我的插花日记》；选择一些经典散文背诵下来，如《白色山茶花》（席慕蓉）、《夹竹桃》（季羡林）、《梨花》（许地山）等。

二、我的收获

1.我读的书是_____，我写了（　）篇读书日记（另附）。

2.我能背的美文片段有（篇名）_____

_____

_____。

项目二：学学插花

一、活动建议

1. 网络大搜查：在网络上查找几个插花的视频，反复观看，学习插花。

2. 市场买买买：估计插花所需费用，在家人的陪伴下逛几次花市，自己做主购买插花所需物品。

3. 插花我来学：亲自动手制作插花作品，记得插花过程中拍摄精彩录像，在家人的帮助下进行剪辑、配乐，形成2—3个小视频。

4. 插花送亲友：将自己得意的作品送给亲朋好友，并尝试以英语来介绍自己的作品（请家人拍摄照片和小视频）。

二、我的收获

1. 我一共逛了（　　）次花店，每次的费用分别是＿＿＿＿＿＿＿＿＿＿＿。

在这次购物中，我的体会是＿＿＿＿＿＿＿＿＿＿＿＿＿＿＿＿＿＿＿＿＿＿

＿＿＿＿＿＿＿＿＿＿＿＿＿＿＿＿＿＿＿＿＿＿＿＿＿＿＿＿＿＿＿＿＿＿＿

＿＿＿＿＿＿＿＿＿＿＿＿＿＿＿＿＿＿＿＿＿＿＿＿＿＿＿＿＿＿＿＿＿＿＿

2. 我最得意的插花作品名叫＿＿＿＿＿＿＿＿＿＿＿＿＿＿＿＿＿＿＿＿＿，

所采用的花有（英文名）＿＿＿＿＿＿＿＿＿＿＿＿＿＿＿＿＿＿＿＿＿＿＿。

3. 这次插花活动，我可以和班级同学分享（　　）个小视频，它们的名字分

别叫＿＿＿＿＿＿＿＿＿＿＿＿＿＿＿＿＿＿＿＿＿＿＿＿＿＿＿＿＿＿＿＿＿

＿＿＿＿＿＿＿＿＿＿＿＿＿＿＿＿＿＿＿＿＿＿＿＿＿＿＿＿＿＿＿＿＿＿。

项目三：足下生花

一、活动建议

现在很多跑步的APP都能记录我们的跑步轨迹。那么，让我们跑起来吧，用跑步的轨迹画一些"花儿"（可以事先画好某种花的简笔画）。

二、我的收获

1. 这个假期，我一共尝试了（　　）次"足下生花"，其中，成功了（　　）次，失败了（　　）次，成功率为（　　）。

2. 以下是我"足下的花儿"（跑步轨迹图），一共（　　）幅。

例：

舌尖上的春节

——2020—2021学年度莞城中心小学五年级寒假作业

春节是中国最重要的传统节日，而美食则是春节的重头戏。在这万家团聚的美好时光，那五花八门、各具特色的美味佳肴、传统小吃，浸润着春节特有的浓浓暖意，寄托着人们对家人、对生活的美好祝福。这个假期，就让我们围绕"舌尖上的春节"这个主题，进行一系列有意思的学习活动吧。

项目一：做美食

1. 食材探秘

了解食材的营养成分

传统美食：＿＿＿＿＿＿＿＿＿＿＿＿

编号	食材	热量/千焦	脂肪/克	蛋白质/克
1				
2				
3				
4				
5				

2. 大显身手

（1）亲自动手制作传统美食，拍摄精彩视频，在家人的帮助下进行剪辑、配乐，形成2—3个小视频。

（2）计算制作的传统美食成本。

食材	单价/元	数量/元	总价/元
小计/元			

项目二：写美食

采访对传统美食比较了解的长辈，深入了解自己家乡的春节特色美食，以"我最喜爱的春节美食"为主题，写一篇作文。可以写说明文，写出春节特色食品的选料、制作过程、吃法、寓意等。也可以写记叙文，写出自己和家人如何亲手制作春节美食、享用春节美食并寄情于美食，抒发新年感想或美好愿望等。文章的题目自己拟定。作文用原稿纸誊抄。

项目三：秀美食

1. 美食我来说

尝试将自己制作的或自己喜爱的春节传统美食用英语简单地介绍出来，可以介绍美食名称、产地、用料、味道和寓意等，拍成微视频。

2. 美食我来展

探究自己感兴趣的一种跟春节有关、能体现年味的食物，了解这种食物的来历与寓意，用8开素描纸做一份图文并茂的小报（上下左右各留2厘米宽度白边），介绍春节美食。

以班级为单位，各班只需完成一份，班级每个同学完成其中一张，完成后将全班所有手抄报粘贴连接到一起，形成一张长条幅"连报"。

色彩要求：每个班选定一个主色调，区分各班"连报"，形成"十色连报"。

最美中国"联"

——2020—2021学年度莞城中心小学六年级寒假作业

国泰民安辞鼠岁，家和业旺接牛年。亲爱的同学们，2021农历牛年新春即将到来，让我们围绕"春联"这个主题，进行一系列有意思的学习活动吧！

项目一：识春联

一、请大声朗读以下春联，再查查有关资料，你发现了关于对联的哪些"小秘密"呢？

人逢如意事；牛舞艳阳春。

家家恭喜致富；人人庆贺安康。

莺歌燕舞春添喜；鼠去牛来景焕新。

紫气东来，扶一犁春色；韶光正好，开万里鹏程。

1. 上下联字数的"秘密"：_____。

2. 上下联声调的"秘密"：_____。

3. 上下联词性的"秘密"：_____。

4. 我还发现：_____。

二、下列几副春联贴对了吗？请在下方的括号内打"√"或者打"×"。

（小提示：春联的上联一般贴在右边。那么，怎么区分上下联呢？有个很简单的办法：上联通常是仄声结尾。仄声，就现在来说，一般是指第三声、第四声）

春满乾坤福满门　天增岁月人增寿
（　）

春回大地千山秀　日暖神州万物荣
（　）

花香柳绿春浓　人寿年丰福满
（　）

海纳百川呈瑞彩　天开万里醉春风
（　）

项目二：探春联

一、在你们小区或者村里拍下10副春联，完成如下任务。

1. 我最喜欢的一副春联是

上联：_____　下联：_____　横批：_____

喜欢的理由：_____。

2. 我觉得不太好的一副春联是

上联：_____　下联：_____　横批：_____

这副春联有什么问题？_____。

二、调查采访。

1. 我发现，大家张贴的春联中，大约有（　）%是印刷的，有（　）%是手写的。请采访一位亲友，问问他（她）对于手写春联和印刷春联的不同看法。

我的采访记录：_____

_____

_____。

2. 和家人逛逛销售春联的商铺，再通过购物网站查询，了解有关信息。

春联的不同种类及零售价格：_____

_____。

春联批发价格和零售价格的差异：_____

_____。

项目三：创春联

一、手写或用其他形式制作一副春联，开学后带回学校展示。

上联：_____ 下联：_____ 横批：_____

我采用的形式是（ ）。

A. 手写

B. 剪贴

C. 其他创意形式_____

二、有奖征联：邀请家人一起来"对对子"，可以完成以下一个或多个征联。开学后，学校将评出一、二、三等奖，并给予表彰奖励！

1. 燕语欢欣歌盛世；_____。（征下联）

2. 古榕枝头春意闹；_____。（征下联）

3. _____；万寿路，千年寺，百载学堂十分好，一片欢歌。（征上联）

三、自学视频剪辑：请将你在"识春联、探春联、创春联"活动中拍摄的照片或录像，剪辑制作成一个2分钟左右的短片，加上字幕，配上喜庆的音乐。按班主任的要求提交。

劳动，创造美好生活！

"幸福的生活从哪里来？要靠劳动来创造！"从小，我们就知道"劳动最光荣"。走过不平凡的2020鼠年，我们即将迎来全新的2021牛年。"牛"一直被公认为是"诚恳踏实、吃苦耐劳"的动物。莞城中心小学的同学们在寒假里，牢记习爷爷的殷切教诲，认真贯彻落实《国务院关于全面加强新时代大中小学劳动教育的意见》，在家里、菜市场里、田间地头……都可以看到我们的身影！

腊月二十五，扫房掸尘土；

腊月二十七，里外洗一洗；

腊月二十八，家什擦一擦；

腊月二十九，脏土都搬走。

一放假，同学们在学习和休息之余，把家里收拾整理干净，打扫卫生，装扮一番，以整整齐齐、干干净净、喜庆祥和的崭新面貌迎接新的一年！看我们摇身一变，变成劳动小达人！

年花开，好运来！趁着迎新春之际，我们还学会了一门新技能——插花！

不会制作美食的吃货算不得资深吃货！我们要化身为小厨神、小小美食家！

"洗刷刷、洗刷刷……我是勤劳的小蜜蜂，我帮家人做家务。"唯有躬行，方能体味艰辛。在寒假里，我们通过洗碗、洗菜、擦桌子、洗衣服、晾衣服、收衣服、叠衣服等家务劳动，体会到大人们平时的劳累，他们白天要上班工作，回家后还要照顾我们的生活起居，真是不容易呀！因此，我们以后要多帮忙做家务，多动手做自己力所能及的事情！

我们还走到田间，体验了一把"锄禾日当午，汗滴禾下土"的滋味，也体会到了农民伯伯的辛苦，对珍惜粮食有了更深刻的理解。

一分耕耘，一分收获，劳动的丰硕成果足以让我们美滋滋的！

劳动无处不在，在生活的每个细节里，在平时的点点滴滴里。让我们通过视频，更生动、直观地看看从一年级的弟弟妹妹们到六年级的哥哥姐姐们是如何将劳动践行到底吧！

有些同学还把自己在寒假里的劳动写成了日记或感想感言，劳动的滋味就是不一样！

我们早已将劳动教育常态化，并作为学校的最高荣誉"洪钟少年"的评选标准之一，让其深深植根于学校和家庭，继续深入社区、走向社会。

劳动，能锻炼我们独立自理的能力；

劳动，能让我们品尝到丰收的喜悦；

劳动，能让我们创造出幸福美好的未来！

同学们，人类从茹毛饮血到钻木取火，从农耕社会到工业革命，从落后的时代到日新月异的今天，无一能离开劳动。新时代的我们，应该"以劳树德、以劳增智、以劳强体、以劳育美"，让世界因我们的劳动变得更加美好！

玩转"利是封"

——莞城中心小学寒假项目式学习成果展（一）

项目式学习真有趣，

乐享春节文化之旅。

多学科融合齐探索，

发展素养大有收获！

"新年到，真热闹，家家户户放鞭炮。穿新衣，戴新帽，利是一到乐陶陶。"在喜庆的春节里，莞城中心小学一年级的同学们围绕"利是封"这个主题，开展了一连串丰富的学习活动，"玩转利是封"，玩出花样，玩出欢乐无穷……

第一站：滔滔不绝说"利是"

利是，又称"利事"，即红包，取其大吉大利、好运连连之意。"派利是""逗利是"是中国的传统习俗，农历新年期间，乖巧的小朋友看见长辈，都会讲些吉利的贺年话，而长辈都会报以"利是"一封，内装"压岁钱"，表示对小孩子祝福的心意。利是封就是装压岁钱的封袋。

我们希望同学们在打开"利是"的同时，也能打开关于"利是"的知识大门。

1. 快乐大搜查：与大人一起查阅"利是"的由来、寓意、习俗及发展历史，了解藏在"利是"里的秘密。

2. 悦读趣绘本：阅读和新年有关的绘本故事：《年》《春节》《过年啦》《十二生肖的故事》……与书为伴，在书中感受浓浓的年味。

3. 分享讲故事：把读过的绘本故事绘声绘色地讲给大人听，分享阅读的快乐。

第二站：各显神通创"利是"

"恭喜发财，利是逗来！"逗"利是"是同学们新年期间最开心的事情。可我们不会只做"伸手一族"，我们心灵手巧，创造力强，于是创意"利是封""横空出世"啦！

1. 小小红包巧设计

材料不限：手工纸、卡纸、剪刀、胶水、双面胶、毛线、绘画工具等。

制作过程：先寻找适合制作红包的材料，再根据材料选择制作的红包类型，然后起稿设计个性的图案和文字，接着按照折、剪、贴、画、写的顺序进行制作。

类型多样：折纸红包、折叠红包、翻页红包、红牛红包、财神红包、糖果红包、香糖红包、气球红包、拉伸红包、镂空红包、手机红包、书签红包、电子红包等。

经过一个学期的教育熏陶，"垃圾分类"的环保观念已植根在我们心中，这次制作"利是封"，我们还融入了变废为宝、节能环保的理念呢！

2. 心情愉悦齐运动

"许下新年的愿望，爸爸事业更顺畅，爷爷奶奶身体棒，妈妈越来越漂亮……"伴随儿歌《恭喜发财红包拿来》的轻快节奏，同学们坚持每天跳绳，并将跳绳次数记录下来。跑步、打篮球、踢足球……运动项目多种多样，身姿矫健。运动带来的愉悦，比收到利是还要快乐！

第三站：兴致勃勃画"利是"

1. 写写画画送祝福：在"利是封"上画上精美的图画，写上诚挚的祝福语，送给亲朋好友。

2. 甜甜蜜蜜话祝福：拿着自己亲手制作的"利是封"向大人拜年，用响亮而甜美的声音送上祝福，还可以用英文说祝福呢！

> 利是封，大学问，
>
> 快乐年味个中寻。
>
> 巧妙设计显创意，
>
> 美好祝福展才能。
>
> 利利是是添喜庆，
>
> 牛转乾坤开鸿运！

巧手剪窗花　快乐贺新年

——莞城中心小学寒假项目式学习成果展（二）

> 小剪刀，手中拿，
>
> 我们来学剪窗花。
>
> 剪梅花，剪雪花，
>
> 剪对喜鹊叫喳喳。
>
> 剪只鸡，剪只鸭，
>
> 剪条鲤鱼摇尾巴。
>
> 大红鲤鱼谁来抱？
>
> 哦！再剪一个胖娃娃。

剪呀剪，剪呀剪，我们剪出了红红的窗花，剪出了浓浓的年味，剪出了新春的喜庆、吉祥、美好憧憬，剪出了儿童的创意、情趣、手巧心灵……

哈哈，这样的寒假作业别开生面！这样的寒假作业谁不喜欢？

事不宜迟，伙伴们，上作品，让大家先睹为快！

怎么样？我们这些二年级的娃，是否也让你惊艳了一把？

你问我为啥这么牛？因为莞城中心小学跨学科的"项目式学习"魅力无穷！

来，快跟我到"窗花迎春"这个主题中走一走！

【看与写——"阅"花花】

我们阅读了《剪窗花》《春节的故事》等推荐书籍，知道了春节的习俗，感受了窗花的美丽。

我们观看了《红剪花》《我们诞生在中国》等推荐影片，爱上了中国传统民间艺术——剪窗花，产生了浓厚的探究欲望。

【学与做——"美"花花】

在家人的陪伴下，我们迫不及待地前往商场，购买了剪窗花所需物品。

购物归来，我们认认真真地记录了所需物品的价格、数量，统计了它们的费用。

一切准备就绪，我们兴致勃勃地学剪窗花啦！先上网收集资料，了解剪窗花的步骤与方法，再拿起剪刀，动手实践。

看！一张张红纸在我们手中轻盈地跳跃着！

瞧！一幅幅窗花在我们手中快乐地诞生了！

这种感觉多么美好！这个过程多么奇妙！

这份体验弥足珍贵！这些收获值得回味！

【行与乐——"乐"花花】

我们用勤劳的双手把房间打扫干净，用最美的窗花装饰自己的家。嘿，中国年味出来了！

伴着新年的音乐，我和爸爸妈妈做起了运动，跳起了舞蹈。我们心里乐开了花！

> 这真是——
> 莞城小学了不起，
> 寒假作业有创意。
> 项目学习真新奇，
> 窗花迎春多有趣！
> 剪个牛年气冲天，
> 剪个春色满人间。
> 剪出年味剪出美，
> 欢欢喜喜迎新春！

玩转灯笼乐园

——莞城中心小学寒假项目式学习成果展（三）

银鼠辞旧岁，金牛迎新春。

丑时春入户，牛岁福临门。

燕舞艳阳天，鸟鸣幸福年。

盛世千家乐，丰年百家兴。

这个寒假，我们拒绝传统的寒假作业，各年级开展不同主题的有趣的项目式学习。那么，究竟什么是项目式学习呢？

项目式学习（简称PBL），是一种动态的学习方法，让学生们主动探索现实世界的问题和挑战。在这个过程中，我们可以锻炼创造力、团队合作和领导能力、动手能力、计划以及执行项目的能力，领会到更深刻的知识和技能。这些能力也是我们将来应对世界、面对未来挑战的能力。

三年级的孩子们项目式学习的主题是什么呢？欢天喜地度佳节，张灯结彩迎新年。中国历来有每逢佳节挂灯笼的传统习俗，一起来动手制作一个独一无二的创意灯笼吧！

1. 五步成"笼"

一个独特的灯笼究竟是怎样诞生的呢？我们一起来看看莞城中心小学的学子们是怎么做的吧！（后附超详教程，千万别走开哦！）

第一步：查资料，做记录

第二步：算成本，做规划

第三步：买材料，准备足

第四步：量尺寸，画设计

第五步：精心制，展风采

2. "灯"你来show秀

中心学子，多才多艺。看看我们是怎样用自己做的创意灯笼给大家拜年吧！

普通话版

英文版

方言版

歌曲版

大红灯笼高高挂，映出团圆笑脸庞。

彩色元宵热腾腾，现出团聚好年华。

灯笼象征着幸福、圆满与富贵，逢年过节悬挂灯笼是我们祖国千古流传的传统习俗。恭祝大家牛年大吉！阖家团圆！红红火火！

寒假里的"花花世界"

——莞城中心小学寒假项目式学习成果展（四）

没错！这个寒假，莞城中心小学的同学不必做传统的、枯燥的寒假作业，而是分年级、分主题进行很有意思的项目式学习。

为什么要这样？我们希望同学们的学习与生活融通，学校与社会打通，让学习真实地发生。我们希望同学们在动手实践、解决问题的过程中培养综合能力，提升创新思维水平！

例如，四年级的同学们就是以"花花世界"这个主题，进行了一系列有意思的学习活动。让我们一起先睹为快，也让我们以迎接一朵花开的心情去迎接新年的到来吧！

1."花"点时间读读好书

我们建议同学们阅读与花相关的书籍。看，大家认真阅读的模样，应该是在书中找到了心中的那一片花海吧！

2."花"点心思学学插花

新春佳节，喜乐满堂，为了让同学们更好地感受年味，本次寒假作业的重点是独立完成一个插花作品，作为家里迎新的年花，用自己的行动迎接新年！

（1）网络大搜查

上网查找插花的视频，反复观看，学习插花。

（2）市场买买买

有了大体的插花打算，下一步就是选择相应的鲜花，估计所需费用，在家人的陪伴下逛几次花店，自己做主购买插花所需物品。

（3）插花我来学

将买回来的鲜花剪枝、插瓶和整理！哈，这个过程，考验的可是综合能力哦！

别看我们是现学现做，质量还不错哦！

看图不够过瘾，就看看视频吧！

（4）插花送亲友

"赠人玫瑰，手有余香"，将自己精心制作的插花作品送给自己的亲朋好友，传递爱意，年味连绵！

回顾整个过程，我们不仅学习了不少插花的知识，懂得了买花前要做预算，提高了自己的动手能力和审美能力，还懂得了与亲人朋友分享美好的事物！这个新年，我们真的长大了！

3. "花"点力气足下生花

生命在于运动！放假了，我们除了学习娱乐，更不能忘记锻炼。看，借助跑步APP，我们用脚步画了这么多美丽的"花儿"。

"花花世界"，

别样精彩！

把年味融入学习，

将知识融入生活，

这样的作业真好玩，

这样的寒假更有味！

祝福您，

新的一年里

常常心花怒放，

天天笑靥如花，

生活锦上添花！

舌尖上的春节

——莞城中心小学寒假项目式学习成果展（五）

这个寒假，我校五年级的孩子们围绕"舌尖上的春节"这个主题，在开展劳动教育活动的同时，进行跨学科的项目学习，孩子们劳动着、实践着、探究着、创造着、收获着……

项目一：大显身手做美食

食材探秘真好玩，我们首先了解了食材的营养成分并计算了制作传统美食的成本。

大显身手的好时机来喽，亲自动手做起来。我们还在家人的帮助下进行剪辑、配乐，将制作过程拍摄成了精彩的小video，够潮吧。

项目二：妙笔生花写美食

光做美食还不过瘾，了解美食背后的故事更有趣。我们通过采访长辈，了解到美食寄托着大家对新年的美好憧憬和祝福，那就用文字记录下这美好的时刻吧。

项目三：多种语言秀美食

瞧，我们将自己制作的春节传统美食拍成了微视频，并分别用普通话、东莞话、英语介绍出来啦，一睹为快吧。

看，我们做小报、写日记，用智慧和勤劳的双手创造美好的生活，用满满的收获迎接幸福中国年！

精彩花絮：香喷喷的美食上桌喽！当然要和家人一起分享哟（和长辈家人一起分享的照片）。

乐在其中："舌尖上的春节"这一跨学科项目式学习，让孩子们在学制春节美食的同时，融合了劳动、品德、语文、数学、英语、美术、科学、信息技术等多个学科的学习，我们让孩子们走进生活，让孩子们在生活中学习、在生活中体验、在生活中提高各种能力，将教育融入生活，让孩子们浸润传统的中华文化，学会劳动技能，感受劳动能创造美好的生活。

过年啦，莞城中心小学邀您一起"对对子"！

——莞城中心小学寒假项目式学习成果展（六）

寒假已过半，让我们来关注下校园里最年长的六年级的哥哥姐姐们，寒假作业完成得如何了。

拒绝零零碎碎，我们选择"主题统领式"寒假作业。

大家经历过的寒假作业大多是什么模样的？语文、数学、英语……每个学科布置N项，这样的作业汇在一起密密麻麻，是不是令人一看就觉得头晕眼花？

哈哈，这种零零碎碎的寒假作业在中心小学早就"out"啦！来，看看我们的六年级寒假作业吧！

奇怪吧？我们的寒假作业可不是零零碎碎的分科作业，我们选择的是"主题统领式"寒假作业。以"春联"为主题，我们打破了学科之间的绝对壁垒，不再局限于课堂和书本知识，而是侧重动手能力、实践能力的提升。

探寻春联字数、声调、词性等方面的"秘密"，调查春联选用印刷与手写的百分比并询问理由，查询春联零售与批发价格的差异，邀请家人对对子，自己尝试制作春联……大家发现了吗？我们的寒假作业由"春联"这个主题牵出，内容丰富但并不零碎，每项作业似乎都不完全归属于某个学科，但似乎又和我们接触的学科有关。

面对这样的作业，我们的思维由集中到发散，再由发散到集中，并尝试着在学科之间建构联系，想想看，这样的学科交融，是不是和我们看到的真实世界的模样更为贴近？

1. 拒绝抄抄写写，我们选择：一路快乐解锁"春联档案"

"识春联"—"探春联"—"创春联"，我们的寒假作业不再是机械地抄抄写写，而是注重对文化的感知与领悟。

"千门万户曈曈日，总把新桃换旧符"，春联，联通古今，传承高雅。春联是中国年的文化标志。可是，沉淀于历史岁月中的"春联档案"，大多数人其实是似懂非懂。趁着这次寒假，六年级的中心人开始了解锁"春联档案"的快乐之旅!

因为寒假作业,我们知道了,春联在中国年文化中历史源远流长,除了广为流传的诗词歌赋,更有妙趣典故和引人入胜的对仗。

瞧,解锁"春联档案",我们知道了春联由桃符一路演变而来。战国时代,富贵人家在大门两旁悬挂藤梗,也称桃符,这是春联的原型;到了五代十国后,蜀主孟昶亲题的"新年纳余庆,嘉节号长春"曾是传说中最早的春联;公元723年,唐人刘丘子所作"三阳始布,四序初开"被世界纪录协会认为是全世界最早的春联;明代有了春节贴春联的年俗,据记载,明太祖朱元璋命大臣、官员、百姓在除夕前都必须书写一副对联贴在门上;到了清代,文人墨客以"对对子"为趣,过年张挂春联更是蔚然成风。

瞧,解锁"春联档案",我们懂得了对联除了对仗等要求外,一般要上仄下平,就是上联结尾字的音调应该落在上声和去声,下联结尾字的音调应该落在平声。因此,在贴春联时要看横批的书写,如果横批是从右向左书写,上联就应该贴在右边,反之,上联就应该贴在左边。

…………

"春联",真是年味儿十足的寒假作业!我们完成寒假作业,不仅是在学知识,更是在感受文化!

2.拒绝拿来主义,我们选择:用无边创意点亮"传统文化"

我们的寒假作业中有这样一项:

请手写一副春联,或者通过剪贴等创意形式,制作一副春联。

上联:＿＿＿＿＿＿　　下联:＿＿＿＿＿＿　　横批:＿＿＿＿＿＿

我采用的形式是(　　)。

A.手写

B.剪贴

C.其他创意形式＿＿＿＿＿＿

我使用的字体是(　　)。

A.楷书　　　　B.行书　　　　C.隶书　　　　D.其他字体

也就是说，今年的春联，我们再也无法实行"拿来主义"了，怎么办？其实正中我们下怀，一路感受了春联文化，我们早就想撸起袖子亲手制作一副喜庆的春联啦！

看，书案前，我们或饱蘸浓墨，提笔挥毫；或巧手剪贴，创意组合……屋门口，一副副自制春联红得耀眼、美得灵动，浓浓的年味儿扑面而来！

在这个生活方式急速改变的时代，因为我们亲历了用手制作、用心创新，所以传统文化用特别亲切的姿态引发了我们的情感共鸣。再说了，也许，今天的"创新"就成为未来的"传统"了呢！

最特别的寒假作业，最美的中国年，最美的中国"联"！

第二节 "一主六辅"劳动教育课程体系的研究

一、研究背景

中共中央、国务院印发《关于全面加强新时代大中小学劳动教育的意见》,强调劳动教育是中国特色社会主义教育制度的重要内容,把劳动教育纳入人才培养全过程,贯通大、中、小学各学段,贯穿家庭、学校、社会各方面。教育部文件《关于加强中小学劳动教育的意见》中指出:"劳动技术课程是从学生的真实生活和发展需要出发,从生活情境中选择内容,并把它列为项目,通过认知、探究、设计、运用工具、制作、评价、体验等方式,培养学生的劳动兴趣,磨炼学生的意志品质,激发学生的创造力,促进学生身心健康和全面发展的跨学科实践性课程。"

学校设计了"莞城中心小学学生劳动情况的调查问卷",从劳动观点、劳动态度、劳动习惯、劳动能力、劳动知识这五个维度进行调查。调查发现,学生们大多拥有正确的劳动观点,但是并不愿意花费时间在劳动上,也普遍存在不会劳动的现象。劳动教育在学校中被弱化、在家庭中被软化、在社会中被淡化。

鉴于以上情况,近年来莞城中心小学十分重视学生劳动教育,通过多种形式融合创新的举措,开展"一主六辅"劳动教育课程的建构与实施的研究。

二、核心概念的界定

在"一主六辅"劳动教育课程中,所谓"一主",就是以劳动技术教育课程为主。学校规定从学生入学起,开设"劳动技术课",将"劳动技术课"作为学生必修的课程。莞城中心小学结合学校办学理念、特色、周边资源，依据学生发展状况，从人与自我、人与自然、人与社会三个维度对日常生活劳动、生产劳动和服务性劳动三类内容进行整体规划，在劳动技术教育中既要利用传统技术培养学生的基本素质，又要使学生掌握一定的高新科技知识，还要使其具备整理家务的技能和服务社会的意识。如此才能更好地完成劳动技术教育的教学任务，实现树德、增智、强体、育美的目的。所谓"六辅"，就是将劳动教育融于平日生活、节假劳动、基地劳动、课程超市、"非遗"体验、STEM课程中，开展形式多样的劳动教育活动，将劳动教育贯穿学校教育教学全过程，建设内涵丰富的劳动教育文化，通过多种形式融合创新的举措，让学生学会劳动、学会生活、学会创造、学会做人。

三、国内外研究现状述评

世界上很多国家都有明确的儿童劳动实践教育课程。德国的劳动教育主要体现在重视家政课的教学实践上。美国的劳动教育是以生计教育为特色，主要是通过校内与校外相结合进行劳动教育。芬兰在中小学阶段会开设很多与劳动教育相关的课程，其中最具代表性的就是技术课、纺织课和家庭经济学课程。

近年来，我国也越来越重视劳动教育。四川省成都市武侯区构建具有武侯特色的"一核三体"劳动教育育人体系，通过课程建设、学科融合、文化建设、实践活动、劳动教育新样态五大路径推动劳动教育实施，健全学校、家庭、社会三方联动协同机制，完善多元综合评价体系。浙江省嘉兴市南湖区余新镇中心小学通过以环境课程、常规课程和校园活动课程为主，以假日实践、社区活动为辅的"三主两辅"劳动教育课程体系构建，引导学生在丰富的劳动体验中热爱劳动、尊重劳动，形成劳动光荣、劳动伟大的正确观念。

四、研究的意义及价值

（一）研究的意义

（1）以劳树德。本课程研究可以培养学生逐步树立热爱劳动的观念和参与劳动的积极态度，培养学生的社会责任感。

（2）以劳增智。本课程研究可以培养学生的创造意识和创造精神，培养学生的创新思维和创造能力。

（3）以劳强体。本课程研究可以培养学生自己动手的习惯，形成自己的事情自己做的良好风尚，让学生做一个心灵手巧的人。

（4）以劳育美。本课程研究可以让学生在劳动创造中形成发现美、体验美、鉴赏美、创造美的意识和能力，从而提高学生的审美能力和人文素养。

（二）研究的价值

（1）本课程研究有利于学生树立热爱劳动的观念和参与劳动的积极态度，培养勤俭朴素、踏实肯干、刻苦耐劳、团结协作等优良品质，特别着重培养他们的社会责任感。

（2）本课程研究把劳动技术教育融入各学科和各项校内外活动之中，有效发挥学科教学、社会实践、校园文化、家庭教育、社会教育等方面的劳动技术教育功能。

（3）大力开展新时代劳动教育创新探索，高标准推进劳动教育，以高度的使命感、责任感，做好新时代劳动教育实施工作。

五、项目设计

（一）研究目标

1.总体目标

从学生的真实生活和发展需要出发，从人与自我、人与自然、人与社会三个维度确定劳动技术教育课的教学内容，让学生学会一些劳动技能。通过开展形式多样的劳动教育活动，将劳动教育融于平日生活、节假劳动、基地劳动、课程超市、"非遗"体验、STEM课程中，培养学生的劳动兴趣，磨炼学生的意志品质，激发学生的创造力，促进学生身心健康和全面发展。

2.具体目标

（1）通过建构和实施生活自理课程，培养学生的生活自理能力。

（2）了解一些简单工具的使用方法，初步掌握自我服务劳动和一般家务劳动的基本方法。

（3）掌握初步的植物栽培技术，掌握小动物饲养方法。

（4）学会自我服务性劳动，学会烹调，能制作简单的手工作品和工艺品。

（5）通过志愿者课程，培养学生的公共服务意识和社会责任感。

（6）开展形式多样的劳动教育活动，通过多种形式融合创新的举措，让学生学会劳动、学会生活、学会创造、学会做人。

（二）研究内容

本课程研究的内容是通过多种融合创新的举措，建构与实施"一主六辅"劳动教育课程体系，让学生学会劳动、学会生活、学会创造、学会做人。

本课程研究的重点是通过多种形式融合创新的举措，建构"一主六辅"劳动技术课程体系。在顶层设计中处理好劳动技术课程和综合实践活动课程与其他学习领域（方式）的关系，在劳动技术课程中充分运用信息技术手段和研究性学习方式，并把劳动技术教育和社区服务与社会实践、考察探究、职业体验等社会实践融为一体。同时，关注劳动技术课程和包括语文、道德与法治、美术、科学、数学等其他课程在内的相关内容的整合。

本课程研究的难点是有效地实施"一主六辅"劳动教育课程体系。作为学生的主修课——劳动技术课程，广东省已经出版了相关的教材，我们从所定的教材中精心选择，拟定劳动技术课的内容，制订全校各个年级的劳动技术教育课程教学计划。此外，我们还将通过开展教研活动和集体备课等，共同研究劳动技术教育课程教学模式。

我们在认真落实国家课程的基础上开发校本课程。通过多种形式融合创新的举措，将劳动融于校本课程的开发中。通过丰富多彩的劳动教育活动，将劳动教育融于平日生活、节假劳动、基地劳动、课程超市、"非遗"体验、STEM课程中，让学生动手实践，学会创造，感受劳动的快乐。

（三）研究方法及可行性分析

1. 文献研究法

针对课题的背景、国内外研究现状、课题的建构与实施以及"劳动教育"及"劳动价值""学科融合"等，在与课题相关的研究内容中进行检索和搜索。

2. 问卷研究法

根据不同年级分别设计不同的调查问卷，以了解学生的劳动情况，得出相关结论，建构"一主六辅"劳动教育课程体系。

3. 案例分析法

分年级设计精品案例，进行以点带面的研究，并形成经验进行推广。

4. 行动研究法

（1）顶层设计：建构"一主六辅"劳动教育课程体系。

（2）对劳动技术教育课程教学模式的研究。

（3）对劳动基地课程活动方式的研究。

（4）多渠道深度融合劳动教育。

（四）主要特色及创新之处

1. 建构"一主六辅"劳动教育课程体系

莞城中心小学通过多种形式融合创新的举措，建构"一主六辅"劳动技术课程体系。

2. 创建劳动教育实践基地

在劳动活动的教学过程中，我们根据小学生的年龄、心理特点，挖掘本地的劳动实践资源，开辟劳动实践基地，让学生动手实践。具体规划如下表。

一至六年级"劳动教育实践"基地规划表

年级	基地	活动目标
一年级	东莞市香蕉蔬菜研究所	了解摘草莓的方法，学摘草莓
二年级	东莞市圣心蛋糕博物馆	了解制作蛋糕的方法，学做蛋糕
三年级	东莞市唯美陶瓷博物馆	了解制作陶瓷的方法，学做陶瓷
四年级	东莞市饮食风俗博物馆	了解艾角的制作方法，学做艾角
五年级	"非遗"矮仔肠加工厂	了解矮仔肠的制作方法，学做矮仔肠
六年级	东正社区	了解志愿者，学做志愿者

采用"三位一体"的组织形式，指导学生开展活动。教师负责活动的组织和策划；基地工作人员负责技术指导；家委会负责协助教师，组织学生开展活动。我们以任务驱动的方式，在展开劳动教育实践活动前师生合作，设计相关的任务单，让学生带着任务去完成劳动教育综合实践活动课程。

（五）多渠道深度融合劳动教育

我们在认真落实国家课程的基础上十分注重校本课程的开发，并将劳动融于校本课程的开发中。

1. 课程超市，提高技能

学校课程超市开设的课程，有许多涉及劳动技能方面，如下表。

莞城中心小学劳动技术课程超市安排表

年级	课程内容	
一年级	剪纸	折纸
二年级	纽扣画	橡皮泥塑
三年级	烹调美食	制作钻石画
四年级	陶泥	插花
五年级	手工编织	制作小香包
六年级	学做盘发	做丝网花

2. "非遗"体验，传承文脉

为了培养全校师生对非物质文化遗产传承与保护的责任感、使命感，结合莞城中心小学的实际，组织实施"非物质文化遗产进校园"主题活动。通过劳动体验的方式，传承文脉（见下表）。

"非物质文化遗产进校园"主题活动安排表

时间	10月19日	10月19日	10月19日	10月19日	10月19日
"非遗"项目	"非遗"创意狮子头	"非遗"创意东莞食品	"非遗"创意东莞建筑彩绘	"非遗"创意剪纸	"非遗"创意灯笼仔
班级	401、402	403、404	405、406	407、408	409、410

3. STEM课程，实践创新

秉承STEM教育理念，开发课程，让学生像科学家一样思考，像工程师一样解决问题，培养学生的动手实践和创新能力。具体规划如下表。

一至六年级综合实践活动STEM+课程

年级	活动主题
一年级	风车的设计与制作
二年级	纸飞机的设计与制作
三年级	"玩转陀螺"的设计与制作
四年级	"理想之桥"的设计与制作
五年级	"东坡亭"的设计与制作
六年级	校园文创品的设计与制作

我们以跨学科整合的项目设计模式，编写了一至六年级综合实践活动STEM+课程，以任务驱动的方式，设计相关的任务单，让学生带着任务去完成STEM课程。

（六）预期的研究进展（包括研究时间及阶段性工作要点）及研究成果

1. 准备阶段

设计"莞城中心小学学生劳动情况的调查问卷"，开展调查。学习中共中央、国务院印发的《关于全面加强新时代大中小学劳动教育的意见》及教育部文件《关于加强中小学劳动教育的意见》，提高理论水平。

2. 建构阶段

根据2001年教育部印发的《基础教育课程改革纲要（试行）》、2015年教育部、共青团中央、全国少工委印发的《关于加强中小学劳动教育的意见》和2017年教育部印发的《中小学综合实践活动课程指导纲要》三个文件，加强与相关学习领域（方式）的整合。处理好劳动技术课程和综合实践活动课程与其他学习领域（方式）的关系，在劳动技术课程中充分运用信息技术手段和研究性学习方式，并把劳动技术教育和社区服务与社会实践、考察探究、职业体验等社会实践融为一体。同时，关注劳动技术课程和包括语文、道德与法治、美术、科学、数学等其他课程在内的相关内容的整合，建构了"一主六辅"劳动技术课程体系。

3. 实施阶段

（1）开展劳动技术教育课程的研究。拟定教学内容，制订教学计划，集体备课，建设专兼职结合、相对稳定的劳动教育教师队伍。组织经常性的教研活动，开展劳动教育理论和教学研究。

（2）开展劳动教育实践基地课程的研究。我们根据小学生的年龄、心理特点，挖掘本地的劳动实践资源，开辟劳动实践基地，开展劳动教育实践基地课程研究，指导学生动手劳动实践。

（3）开展多渠道深度融合劳动教育的研究。将劳动教育融于平日生活、节假劳动、基地劳动、课程超市、"非遗"体验、STEM课程中，开展形式多样的劳动教育活动，将劳动教育贯穿学校教育教学全过程，建设内涵丰富的劳动教育文化，通过多种形式融合创新的举措，让学生学会劳动、学会生活、学会创造、学会做人。

（4）开展劳动教育评价体系的研究。注重对学生劳动意识、劳动精神和实践能力的培养，客观记录学生参与劳动实践的情况，并将其纳入学生综合素质评价体系中，积极探索劳动素养评价。

4. 总结阶段

（1）整理前期研究资料。

（2）撰写劳动教育教学论文。

（3）撰写劳动教育案例。

（4）撰写"一主六辅"劳动教育课程的建构与实施研究报告。

（5）整理印刷"一主六辅"劳动教育课程的建构与实施研究成果集。

（七）保障条件

1. 经费保障

学校每年均有一定的科研经费专项预算与支出，此课题将纳入学校专项科研经费预算项目，每年申请科研经费1万元，结合"主持人名师工作室"专项经费，保证课题研究活动的成功开展。

2. 设备保障

莞城中心小学为广东省一级学校，教学设施设备完善，开辟校内"种植、木工、厨艺、手工艺"四个劳动小基地，打造"香蕉蔬菜研究所、东莞市圣心蛋糕博物馆、东莞市唯美陶瓷博物馆、东莞市饮食风俗博物馆、'非遗'矮仔肠加工厂、东正社区"六个校外劳动大基地。

3. 资料保障

学校有图书室、学生阅览室、教师阅览室，藏书达5万多册，"主持人名师工作室"更是有美术专业书籍和教育科研资料1000余册，学校电子书籍达15万册，订阅的杂志有100多种，为课题研究提供了资料保障。

4. 时间保障

每周三下午是制度化研究时间，课题研究成员不受上课影响，专注于研究。

第三节　"一主六辅"劳动教育课程实施方案

一、指导思想

　　劳动与劳动技术教育是小学教育不可或缺的重要组成部分，是全面贯彻落实教育方针，实施素质教育，提高学生总体素质的基本途径。劳动技术教育具有培养劳动技术技能、技术素养的主要功能。莞城中心小学结合学校办学理念、特色、周边资源，依据学生发展状况，从人与自我、人与自然、人与社会三个维度对日常生活劳动、生产劳动和服务性劳动三类内容进行整体规划，达到树德、增智、强体、育美的目的。

二、课程目标

　　（1）增进学生对自然的了解与认识，逐步形成关爱自然、保护环境的思想意识与能力。

　　（2）主动积极地参与社会与服务社会，增进对社会的了解与认识，增强社会实践能力，并形成社会责任感与义务感。

　　（3）逐步掌握基本的生活技能与劳动技术，具有自我认识能力，养成负责任的生活态度。

　　（4）发展主动获得知识与信息的能力，养成主动地获得信息的学习习惯与主动探究的态度，发展信息素养、探究能力与创造精神。

三、课程框架

　　根据2001年教育部印发的《基础教育课程改革纲要（试行）》、2015年教

育部、共青团中央、全国少工委印发的《关于加强中小学劳动教育的意见》和
2017年教育部印发的《中小学综合实践活动课程指导纲要》三个文件，加强与
相关学习领域（方式）的整合。处理好劳动技术课程和综合实践活动课程与其
他学习领域（方式）的关系，在劳动技术课程中充分运用信息技术手段和研究
性学习方式，并把劳动技术教育和社区服务与社会实践、考察探究、职业体验
等社会实践融为一体。同时，关注劳动技术课程和包括语文、道德与法治、美
术、科学、生物、物理、化学、数学等其他课程在内的相关内容的整合，建构
了"一主六辅"劳动技术课程体系（见下图）。

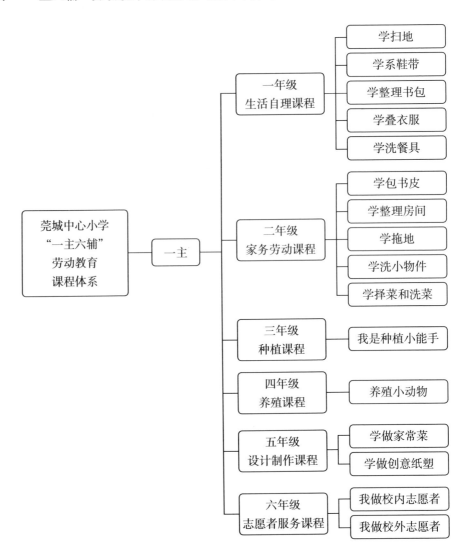

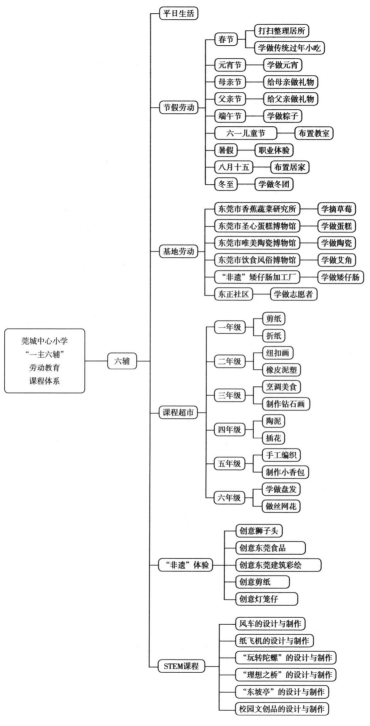

"一主六辅"课程体系

第三章

实施形式多样的劳动教育课程体系

第一节　劳动技术课程的开展

一、劳动技术课程的教学安排

莞城中心小学确定一名班子成员负责劳动教育的管理与基地建设，建立学校、家庭、社区三结合的劳动教育网络，将劳动教育贯穿学校教育教学全过程，劳动教育课每周不少于1节。

作为学生的主修课——劳动技术课程，广东省已经出版了相关的教材，我们从所定的教材中精心选择，拟定劳动技术课的内容。

2020—2021年莞城中心小学劳动技术课内容安排表

年级	类别	内容	维度
一年级	生活自理课程	学扫地	人与自我
		学系鞋带	
		学整理书包	
		学叠衣服	
		学洗餐具	
二年级	家务劳动课程	学包书皮	
		学整理房间	
		学拖地	
		学洗小物件	
		学择菜和洗菜	
三年级	种植课程	我是种植小能手	人与自然
四年级	养殖课程	养殖小动物	

续 表

年级	类别	内容	维度
五年级	设计制作课程	学做家常菜	人与社会
		学做创意纸塑	
六年级	志愿者服务课程	我做校内志愿者	
		我做校外志愿者	

二、劳动技术课程的教学计划

莞城中心小学劳动教育班子成员根据已拟定的劳动技术课内容，对全校各年级的劳动技术教育课程制订细化的教学计划，将劳动教育课程落到实处，避免劳动教育课纸上谈兵、形同虚设，让劳动教育课程与语文、数学、英语等课程并存，成为一种教育教学的常态，真正让学生在课堂上"动"起来，从而热爱劳动，养成自我劳动的习惯和意识。

一年级上册劳动技术教学计划

序号	时间	主题	备注	
1	第7周	扫地	根据劳动技术教材设计课程。	1.每次上完课需分别上交5—10张上课照片和在家实践的照片。2.每节课后需要学生完成评价表，保留到期末检查评比。
2	第8周	系鞋带		
3	第9周	整理书包		
4	第10周	叠衣服		
5	第11周	洗餐具		
6	第12周	纸飞机		
7	第13周	小星星		
8	第14周	小船		

注：

1. 原则上每周五下午第二节综合实践活动课上劳动技术。

2. 教师可根据个人进度上课。

2020年10月10日

二年级上册劳动技术教学计划

序号	时间	内容	备注	
1	第6周	神奇的影子	第1周是综合实践活动，其他是劳动技术教材上的内容。	1. 每次上完课需分别上交5—10张上课照片和在家实践的照片。 2. 2—8课需要学生完成评价表，保留到期末检查评比。
2	第7周	包书皮		
3	第8周	整理房间		
4	第9周	整理床铺		
5	第10周	拖地		
6	第11周	洗小物件		
7	第12周	择菜和洗菜		
8	第13周	折五角星		

注：原则上每周五下午第二节综合实践活动课上劳动技术。

2020年10月10日

三年级上册劳动技术教学计划

序号	时间	教学内容	备注
1	第7周	初步认识"种植"：我们可以种什么？它们的种子宝宝是什么样的？（可画一画）这种植物有什么用途或功效？准备种子，做好种植前的准备工作（需要哪些用具和工具）。	1.每次上完课需分别上交5—10张上课照片和在家实践的照片。
2	第8周	观察植物的发芽情况 （写一写：观察日记）。	
3	第9周	观察植物的生长情况 （画一画：以图文并茂的形式做好《观察记录表》）。	
4	第10周	认识植物的常见病和如何预防病虫害 （观看视频或请专家来开展讲座）。	
5	第11周	照顾植物宝宝 （学习浇水、施肥、除草等相关知识）。	

续 表

序号	时间	教学内容	备注
6	第12周	有用的植物 （议一议：这种植物的营养价值、药用价值有哪些？哪些部位可以吃？可以和什么食物搭配？玩游戏配对、画一画等）	2.每一个主题，有学生的作品、成果、照片等方式表达，每班精选5—6份优秀作品，拍照上交。实物作品成果以班级为单位，注意保管，保留到期末检查评比
7	第13周	植物美化环境 （做一做：我们如何用植物来美化装饰环境，如客厅、阳台、书房、卧室、课室等）	
8	第14周	成果汇报展示	

注：

1. 原则上每周五下午第二节综合实践活动课上劳动技术。

2. 教师可根据个人进度上课。

2020年10月10日

四年级上册劳动技术教学计划

序号	时间	教学内容	备注
1	第7周	灯笼	1.每一个主题，学生完成的作品保留到期末检查评比。 2."小动物养殖"活动贯穿整个学期，其任务单（纸质）以班级为单位上交。
2	第8周	贺卡	
3	第9周	蝴蝶	
4	第10周	纸篓	
5	第11周	提篮	
6	第12周	围巾	
7	第13周	沙包	
8	第14周	小动物养殖	

注：

原则上每周五下午第二节综合实践活动课上劳动技术。

2020年10月10日

五年级上册劳动技术教学计划

序号	时间	菜名		备注
1	第7周	西红柿炒蛋	第1、2、3道菜在劳动技术教材上，其他是补充内容。	1.附每道菜的教学视频在"李淑霞"共享"五年级上册劳动技术（家常菜）"的文件夹中。 2.每一道菜需要学生完成创意烹调任务卡，保留到期末检查评比。
2	第8周	蒸茄子		
3	第9周	清炒土豆丝		
4	第10周	炒菜花		
5	第11周	炒丝瓜		
6	第12周	可乐鸡翅		
7	第13周	红烧排骨		
8	第14周	清蒸鲈鱼		

注：

原则上每周五下午第二节综合实践活动课上劳动技术。

2020年10月10日

六年级上册劳动技术教学计划

序号	时间	主题	备注
1	第7周	校园图书管理员	1.每次上完课需分别上交5—10张上课照片和在家实践的照片。 2.每节课后需要学生完成评价表，保留到期末检查评比。 3.前四次为校园志愿活动，后三次为校外志愿活动，注意活动安全。
2	第8周	小帮厨	
3	第9周	校园小卫士	
4	第10周	大手拉小手	
5	第11周	交通协管员	
6	第12周	探访养老院	
7	第13周	图书馆	
8	第14周	展示活动	

注：

1. 原则上每周五下午第二节综合实践活动课上劳动技术。

2. 教师可根据个人进度上课。

2020年10月10日

三、劳动技术课程的教学设计

我们通过骨干引领—全面推进—交流分享的形式开展劳动技术教育课程的教学。

（1）骨干引领，即以我校的综合实践活动教研组为骨干，他们也肩负劳动技术教育的任务。每个年级都有一位负责教师，引领年级的教师拟订劳动技术课的内容，制订劳动技术教育课程教学计划，编写教案，特别是制作微课，设计任务单，引领大家开展劳动技术教育，打造专业化的劳动教育教师队伍。

（2）对于劳动教育的课程设计，骨干教师负责本年级的教学设计。

莞城中心小学一年级劳动技术教学设计

年级	一年级上册	课题	系鞋带
负责人	郭小霞	授课人	一年级综合实践教师
活动地点	教室	学生人数	480人
活动目标	1.通过学习整理书包的方法，了解整理书包的重要性，提高学生的自理能力。 2.通过归类、分类的练习，培养学生做事有始有终的习惯，激发学生爱整洁的情感，使其养成良好的学习和生活习惯，造就良好的品行。		
教具准备	微课视频		
活动过程	教学过程： 一、创设情境，谈话引入 1.猜谜语 四四方方一口箱，书本文具里面藏，别看它的个头小，每天上学离不了。 （出示图片1） 小朋友们争相回答："书包。" 2.师：同学们每天都要背着书包来上学，每个小朋友都有各式各样的漂亮书包，谁能给大家介绍一下自己的书包，说一说自己的书包是什么颜色，有几层，有什么图案哪？（出示图片2）（相互介绍与个别介绍相结合） 师：老师还想知道你们的书包都是谁整理的呀？ 生："我自己。""妈妈。" 师：噢，除了小部分同学是爸爸妈妈帮助整理的以外，大部分同学都是自己整理的呀，都是自己的事情自己做的好孩子！（教师赞叹的语气，让自己整理书包的小朋友们很自豪）（出示图片3） 出示图片6—10，有乱七八糟的书包和书桌，有整整齐齐的书包和书桌。		

活动过程	师：同学们看到这样的场景有什么感受？你希望你的书包和书桌是什么样子的呢？ 生：希望是整整齐齐的！ 激发学生自己动手整理的愿望。 二、讨论整理书包的方法 观看视频《图图的智慧王国》第55集《整理书包》，视频详细演示了各种整理书包的方法。 教师总结整理书包的方法： 按用途把书本进行分类，所有的课本放在一起，摆放整齐；所有的练习本放在一起，摆放整齐。 把铅笔、橡皮等文具摆放在文具盒里。 把课本、练习本放进书包的大隔层里。 把文具盒放进前面的小隔层里。 把水杯、雨伞放进侧兜或者其他隔层里。 三、集体实践 师：现在，我们也来学习图图，自己动手进行一次整理书包的比赛，好吗？ 比赛规则： 1.先请同学把书包里的东西放在桌子上。 2.用你喜欢的、认为好的方法进行整理。 3.听口令，老师喊"开始"才开始，比比谁整理得又快又好。 4.整理好的同学把书包放在桌子上，起立站直，等待老师的检查。（老师在巡视中对整理好的同学进行表扬，对未整理好的同学进行指导） 5.朗读儿歌，小结。 师：在刚才整理书包的比赛中，同学们整理得又快又好，老师感到特别开心，所以编了一首儿歌要夸一夸你们：小书包，真神气；小能手，会整理；装了书本装文具，大在下，小在上，零散物品单独放。 教师带领学生们齐声跟读两遍，然后全班齐读两遍，最后男女生分别齐读一遍。 四、爱护小书包 师：小书包是我们的好朋友，天天和我们在一起，那我们应该怎样爱护小书包呢？ 生：不能摔，要轻拿轻放。 生：不能在书包上乱涂乱画。 生：无论在家还是在幼儿园，都要把书包放好。 师：老师希望你们上小学后继续保持整理小书包、爱护小书包的习惯，能不能做到，同学们？ 生：能！ 五、播放《上学歌》，结束。

活动过程	师：好了，同学们，现在背起你的小书包，像一名真正的小学生一样，让老师看看你们神气不神气！播放《上学歌》，带领学生齐声跟唱，结束活动。
上课照片	
实践照片	

莞城中心小学二年级劳动技术教学设计

年级	二年级上册	课题	整理房间
负责人	李沁旅	授课人	二年级劳动技术教师
活动地点	教室	学生人数	515人
活动目标	1.学会物品分类摆放。 2.学会整理房间，学会自理。 教学重、难点：学会整理房间，学会自理。		
教具准备	微课视频		
活动过程	一、谈话导入，激发探究兴趣 师：同学们，老师认识一个小姑娘，她的名字叫玥玥，她最近遇到了烦恼，我们一起看看—— 二、播放微课，学习整理 三、回顾微课中的知识点，巩固整理的知识 1.整理衣物三大撒手锏：巧用衣架、增加收纳盒、巧用隔断。 2.收纳整理六注意：出门前进行整理，东西用完马上归位，按季节整理、分类整理，定期彻底清理自己的物品，有拿就有放，收纳箱、盒子上最好贴便利贴。		

活动过程	3.科学分类衣物：按季节和用途分类、按使用频率放置、按衣物的大小分类，合理悬挂、折叠摆放。 四、拓展 同学们想一想，整理房间除了整理衣物外，还需要整理哪些东西？（小组讨论：学习用品、玩具等） 五、总结 大家把学习用品放在了一起，把玩具放在了一起，把衣服放在了一起，像这样把物品分类摆放，房间显得整齐多了！大家要养成自己动手整理房间的好习惯，做一个勤快的好孩子！我们一起来读读这首分类整理儿歌吧：物品分类理一理，学习用品有序摆，零散小件巧收纳，清理垃圾搞卫生。 六、布置作业 整理自己的房间
上课照片	
实践照片	

莞城中心小学三年级劳动技术教学设计

年级	三年级上册	课题	我是种植小能手
负责人	陆叶屏	授课人	三年级综合实践教师
活动地点	教室	学生人数	420人
活动目标	1.认识不同的家居植物，以及可种植、易于种植的植物。 2.学会种植的小本领，锻炼动手能力。 教学重、难点：学会种植的小本领，锻炼动手能力。		
教具准备	课件		

活动过程	1.师生共同商议讨论：我们可以种什么？（能在家种植的植物，考虑可行性） 2.按季节选择不同植物。 3.对植物进行分类：观赏类、空气净化类、蔬菜瓜果类（见课件）。 4.根据本班实际情况实施，可分组，每组种植不同的植物（选择本组感兴趣的植物）。 5.它们的种子宝宝是什么样的？（可画一画） 6.这种植物有什么用途或功效？完成资料收集卡。 7.准备种子，做好种植前的准备工作（需要哪些用具和工具）。
上课照片	
实践照片	

莞城中心小学四年级劳动技术教学设计

年级	四年级上册	课题	沙包
负责人	陈宇	授课人	五年级综合实践教师
活动地点	教室	学生人数	34人
活动目标	教学目标： 1.学习手工针缝的平针和卷针两种针法，并能利用提供的材料制作简单的沙包，提高动手能力。 2.通过动手操作、实践，不断发现问题、提出问题、解决问题。 3.培养手工缝制沙包的兴趣，增强劳动意识和团队协作意识，同时培养学生认真细心的习惯。		

活动目标	教学重、难点：通过亲手缝制沙包，让学生掌握最基本的一些针法，培养学生的动手操作能力和主动探究意识。
教具准备	准备一块长15厘米、宽9厘米的新布，一小杯粗沙砾或者干玉米粒，线、针、剪刀。

<table>
<tr><td rowspan="1">活动过程</td><td>

一、谈话导入，激发探究兴趣

同学们，你们知道吗？在陈老师以及你们爸爸妈妈小时候，所玩的游戏都是自己创造的或者手工制作的，例如橡皮筋、竹节人、燕子、沙包……而我们现在玩的游戏玩具却都是买的，甚至直接变成了电子游戏。大家想不想自己动手做一个呢？

二、制作沙包，工具材料不可少

工具： 剪刀、缝衣针、线、尺子。

材料： 布、沙子。

三、百变沙包，我来设计

沙包的外形可以多种多样，例如方形、心形、月牙形……根据自己的喜好，设计绘制一款自己喜欢的沙包草图。

四、百变沙包，我来动手做

1.按照草图，裁剪布料。按照设计的草图，剪一块布料，是方形的就剪一块方形的布料，是月牙形的就剪一块月牙形的……

2.将布的正面朝里边对折。

3.沿布料的图形边缘进行回针缝，留出一条边放沙，预留出0.5厘米的毛边。

①回针缝教学视频：https：//haokan.baidu.com/v？vid=3269483034040724091

②平针缝教学视频：http：//www.iqiyi.com/w_19rtmk9xs1.html

4.缝好后，翻面。

5.装沙。

6.用藏针缝封口。

五、分享成果，我的最好

针法正确	自评	互评	家长评	师评	总评
线迹均匀	☆☆☆☆☆	☆☆☆☆☆	☆☆☆☆☆	☆☆☆☆☆	☆☆☆☆☆
缝合平整	☆☆☆☆☆	☆☆☆☆☆	☆☆☆☆☆	☆☆☆☆☆	☆☆☆☆☆
牢固美观	☆☆☆☆☆	☆☆☆☆☆	☆☆☆☆☆	☆☆☆☆☆	☆☆☆☆☆

沙包做好后，小组内的同学一起评一评，看看谁的最牢固、最精致。

</td></tr>
</table>

活动过程	六、沙包百变，我来创新（拓展） 1.想一想，沙包还能做成什么形状？ 2.除了做沙包，我们还可以做什么呢？ （香包、抱枕……）
活动照片	

莞城中心小学五年级劳动技术教学设计

年级	五年级上册	课题	可乐鸡翅
负责人	李淑霞	授课人	五年级综合实践教师
活动地点	教室	学生人数	515人
活动目标	教学目标：学会制作可乐鸡翅。 教学重、难点：掌握可乐鸡翅的做法。			
教具准备	微课视频			
活动过程	一、图片导入，激发探究兴趣 小组讨论一下，在做可乐鸡翅前该做哪些准备工作？ 二、播放微课，学习制作方法 1.洗净鸡翅，和葱姜一起加入水中煮沸捞出，沥干水。 2.放少许油烧热，然后放入鸡翅。 3.将鸡翅外皮煎至两面泛黄。 4.接下来倒入可乐没过鸡翅即可。 5.然后加入酱油、大料、葱段、姜片，大火烧开后转小火。 6.最后炖至汤汁浓稠即可。 三、讨论交流 1.在制作过程中，哪些步骤不易掌握？为什么？ 2.在制作过程中，有哪些需要注意的安全隐患？ 四、拓展 同学们想一想，下次我们要做什么菜？ 五、布置作业 在家亲手做一份可乐鸡翅，请家长评价。			

续 表

上课照片	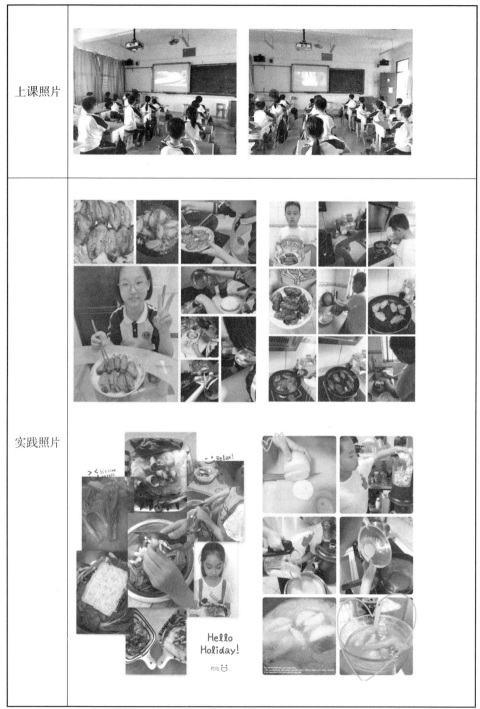
实践照片	

莞城中心小学六年级劳动技术教学设计

年级	六年级上册	课题	志愿服务
负责人	袁小东	授课人	六年级综合实践教师
活动地点	大天井	学生人数	412人
活动目标	教学目标： 1.帮助一年级学生收集被铺箱。 2.体验奉献带来的快乐，培养学生乐于助人、奉献社会的良好品质。 教学重、难点：学习如何快速地完成任务。		
教具准备	微课视频		
活动过程	一、谈话导入，激发探究兴趣 师：同学们，你们知道志愿者吗？你们知道志愿服务的性质和意义吗？ 二、播放微课，了解志愿服务 三、回顾微课中的知识点，巩固志愿服务的知识 四、拓展 同学们，我们可以进行哪些志愿服务活动？ 校内：帮助低年级学生整理被铺箱、小帮厨、校园卫士、图书管理员等。 校外：到图书馆整理书籍、做交通协管员、看望孤寡老人等。 五、实践方法 我们在开展志愿服务时，需要注意哪些问题？怎么做？ 六、实践活动 到一年级帮忙搬被铺箱。		
实践照片			

第二节　开展多样态的劳动教育

根据2001年教育部印发的《基础教育课程改革纲要（试行）》、2015年教育部、共青团中央、全国少工委印发的《关于加强中小学劳动教育的意见》和2017年教育部印发的《中小学综合实践活动课程指导纲要》三个文件，加强与相关学习领域（方式）的整合。处理好劳动技术课程和综合实践活动课程中与其他学习领域（方式）的关系，在劳动技术课程中充分运用信息技术手段和研究性学习方式，并把劳动技术教育和社区服务与社会实践、考察探究、职业体验等社会实践融为一体。同时，关注劳动技术课程和包括语文、道德与法治、美术、科学、生物、物理、化学、数学等其他课程在内的相关内容的整合。

一、将劳动教育融于平日生活中

经过调查，我们发现，在每一个班级中，对孩子溺爱、娇惯的家庭为数众多，因而小学生的生活自理能力普遍下降。一、二年级甚至三年级的小学生不会自己穿衣服，鞋带松了也不会自己系；有的不会扫地、擦桌子，值日完成不好；甚至连红领巾也要妈妈帮忙系，如果散了，就只能放在口袋里等着别人帮忙了。如此现状，引起了我们的高度重视。我们从一年级新生入学开始，编写《自己的事自己做》——莞城中心小学学生自理手册，并让学生们观看微课视频，使他们学会了整理文具和书包、穿衣服、系鞋带、系红领巾、整理衣服、整理房间等一些劳动技能。为了提高学生们的自理能力，在学校所设计的作业记录本中，专门设有一个家务劳动的栏目。教师们通过每天、每周布置劳动作业的方式，布置学生们做一些洗碗、拖地、挂衣服、收衣服、收拾房间等家务劳动，并让家长在作业记录本中反馈他们在家完成劳动作业的情况。教师每天检查学生们家务作业的情况，通过学校的"七彩评价"系统，给完成家务劳动的学生加分。

在学校，我们倡导全校的学生积极行动起来，为净化、美化校园出份力。各班的班主任在开学时，会根据各学生的特点，制定班级劳动值日表，安排学生们进行扫地、摆桌子、擦黑板、摆睡垫、收睡垫、整理图书、拖地等值日工作，并教给他们做这些工作的方法。班主任还会利用班会课，总结表扬学生的劳动值日情况，培养他们的责任担当意识。

二、将劳动教育融于节假日劳动中

过去，每到节假日，许多学生总是在吃喝玩乐中度过。为了让学生们的节假日过得更有意义，我们想方设法地布置一些与节日相关的劳动。根据不同年级，我们安排不同的节假日劳动。例如，我们根据学生的年龄特点，拟定了如下所示的节假日劳动活动安排表。

莞城中心小学节假日劳动活动安排表

节假日	劳动活动安排
春节	打扫整理居所、学做传统过年小吃
元宵节	学做元宵
母亲节	亲手给母亲做礼物
父亲节	亲手给父亲做礼物
端午节	学做粽子
六一儿童节	布置课室，庆祝六一
暑假	职业体验活动
中秋节	布置居家，庆中秋
冬至	学做冬团

根据不同的节假日，安排学生进行不同的劳动。让他们通过收集资料、访问等形式参加与节假日相关的劳动活动。让他们通过劳动实践了解节日，特别是春节、元宵节、端午节、中秋节、冬至等传统节日的文化内涵。学生们在劳动中收获了知识、收获了快乐。例如，在元宵节前，为了让全校学生了解元

宵节传统文化，享受节日快乐，感受中华文化的博大精深，全校教师决定和学生一起开展"猜灯谜，闹元宵"的综合实践活动。教师们精心制作了"元宵习俗"的微课，让学生们进一步了解元宵文化。学生还上网查找资料，学习猜灯谜和制作汤圆的方法，并在课堂上秀出他们收集的资料。在元宵节那天，学校教师与家长志愿者一起亲手做元宵、品元宵，制灯谜、猜灯谜，舞狮子，闹元宵。经过一系列的劳动教育实践活动，学生们感受到了中国传统文化的魅力，不知不觉爱上了中国传统文化。

三、将劳动教育融于基地劳动中

劳动活动的第一特性就是实践性强，没有实践或实践不够，都不能体现劳动活动的最大特点。因此，在劳动活动的教学过程中，我们根据小学生的年龄和心理特点，挖掘本地的劳动实践资源，开辟劳动实践基地，让学生动手实践。具体规划如下表。

一至六年级"劳动教育实践"基地规划表

年级	基地	活动目标
一年级	东莞市香蕉蔬菜研究所	了解摘草莓的方法，学摘草莓
二年级	东莞市圣心蛋糕博物馆	了解制作蛋糕的方法，学做蛋糕
三年级	东莞市唯美陶瓷博物馆	了解制作陶瓷的方法，学做陶瓷
四年级	东莞市饮食风俗博物馆	了解艾角的制作方法，学做艾角
五年级	"非遗"矮仔肠加工厂	了解矮仔肠的制作方法，学做矮仔肠
六年级	东正社区	了解志愿者，学做志愿者

我校开发了六个劳动教育实践教育基地，组织一至六年级的学生开展一系列的劳动活动，开阔学生的视野，提高他们的劳动实践能力，培养学生的社会责任感。例如，我校和莞香楼的"东莞市饮食风俗博物馆"合作，在此成立劳动实践基地，组织四年级孩子开展"莞邑小吃"的劳动教育综合实践活动。在活动中，将综合实践活动与语文、数学、品德、美术等学科整合起来，编写《莞邑小吃》劳动教育活动手册，开发劳动教育综合实践活动基地实施课程。采用"三位一体"的组织形式，指导学生开展活动。教师负责活动的组织和策

划；基地工作人员负责技术指导；家委会协助教师，组织学生开展活动。我们以任务驱动的方式，在展开劳动教育实践前进行师生合作，设计相关的任务单，让学生经过准备站—搜查站—讲座站—实践站—展示站—拓展站，带着任务去完成劳动教育综合实践活动课程。一个学期以来，学生们不仅学会了制作美食的技能，还将各科知识融合学习，运用信息技术收集、整理资料；运用数学知识计算制作美食的原料、比例；在饮食基地，了解烹调知识。活动为学生提供了作文、绘画的素材，他们用笔写出生动的文章、画出美丽的图画，真正感受到劳动的艰辛、劳动的快乐、劳动的收获。

四、将劳动教育融于课程超市中

每周五下午的课程超市，以年级组为单位，按照学生的学习兴趣，打破原有的班级界限，实施年级组内"小走班"制教学。以学校给学生"菜单"和学生自己"点菜"等方式，让每一个学生选择自己喜欢的一门课程，从而满足不同学生的发展需求。学校课程超市开设的课程，有许多涉及劳动技能方面（见下表）。

莞城中心小学劳动技术课程超市安排表

年级	课程内容	
一年级	剪纸	折纸
二年级	纽扣画	橡皮泥塑
三年级	烹调美食	制作钻石画
四年级	陶泥	插花
五年级	手工编织	制作小香包
六年级	学做盘发	做丝网花

五、将劳动教育融于"非遗"体验中

为了培养全校师生对非物质文化遗产传承与保护的责任感、使命感，结合我校的实际，组织实施"非物质文化遗产进校园"主题活动，通过劳动体验的方式传承文脉。

"非物质文化遗产进校园主题"活动安排表

时间	10月19日	10月19日	10月19日	10月19日	10月19日
"非遗"项目	"非遗"创意狮子头	"非遗"创意东莞食品	"非遗"创意东莞建筑彩绘	"非遗"创意剪纸	"非遗"创意灯笼仔
班级	四（1）班、四（2）班	四（3）班、四（4）班	四（5）班、四（6）班	四（7）班、四（8）班	四（9）班、四（10）班

六、将劳动教育融于STEM课程中

秉承STEM教育理念，从自我、自然、社会出发，根据学生的特点、兴趣爱好及能力特点开发课程，让学生像科学家一样思考、像工程师一样解决问题，培养学生的动手实践和创新能力。具体规划如下表。

一至六年级综合实践活动STEM课程

年级	活动主题
一年级	风车的设计与制作
二年级	纸飞机的设计与制作
三年级	"玩转陀螺"的设计与制作
四年级	"理想之桥"的设计与制作
五年级	"东坡亭"的设计与制作
六年级	校园文创品的设计与制作

我们以生活经验整合取向、学习者中心整合取向、学科知识整合取向，提出了跨学科整合的项目设计模式，编写了一至六年级综合实践活动STEM课程，以任务驱动的方式，设计相关的任务单，让学生带着任务去完成STEM课程。例如，六年级的"校园文创品的设计与制作"STEM课程，分为4个主题，共12课时。本主题将综合实践活动课程与现代STEM教育相结合，整合语文、数学、科学、美术等相关学科知识，通过"创设情境，拟定主题—收集资料，挖掘元素—制订方案，画出草图—制作物化，义卖分享"等基本环节，以探究学习、项目学习、小组合作学习、设计性学习、体验式学习等多种学习方式开展劳动教育实践活动。

我校在劳动教育过程中，通过多种融合创新的举措，积极开展劳动教育实践活动，让学生学会劳动、学会生活、学会创造、学会做人。

第四章

创建劳动教育实践基地

第一节　劳动教育基地的开发

习近平总书记在全国教育大会上指出，要在学生中弘扬劳动精神，教育引导学生崇尚劳动、尊重劳动，懂得劳动最光荣、劳动最崇高、劳动最伟大、劳动最美丽的道理，长大后能辛勤劳动、诚实劳动、创造性劳动。

然而，互联网条件下的城市生活，学生更易沉溺于电子产品，患上"四体不勤，五谷不分"的城市病。一段时间以来，劳动教育在学校中被弱化、在家庭中被软化、在社会中被淡化。许多孩子生活自理能力差，其中，城市孩子尤为突出。这些孩子虽然有劳动热情，但缺少劳动的方法和劳动的意识。比如，小到生活中的一些自理能力——自己的鞋袜不会洗，脏了就扔给爷爷奶奶、爸爸妈妈洗刷，或是到淘宝找洗鞋的店家；自己的房间更不会收拾，乱七八糟，依赖家长或雇用清洁阿姨帮忙清洁……最令人担忧的是，年轻的父母对孩子没有劳动教育的意识，更不用说创造劳动教育的环境了。

针对城市孩子的这些情况，根据教育部印发的《大中小学劳动教育指导纲要（试行）》的精神，结合学校办学理念、特色、周边资源，因地制宜，挖掘本地的劳动教育资源，依据学生发展状况，从人与自我、人与自然、人与社会三个维度，我校对劳动技术教育进行了整体规划，开辟学校、家庭和社会的劳动教育实践基地，通过日常生活中的点滴劳动来树立学生正确的人生观、价值观。

"实践出真知。"学生只有在生活实践中的各个方面真正地参与到劳动中去，才能感受劳动的不易，珍惜劳动成果，体会劳动带来的成功喜悦，懂得劳动最光荣、劳动最崇高、劳动最伟大、劳动最美丽的道理。我校结合学生的年龄和心理特点，分别开辟了"生态园""植物园""木工坊"三个校内劳动小基地。具体规划如下表。

校内"劳动教育实践"基地规划表

年级	基地	劳动内容
低年级	生态园	学会照顾身边的动、植物
中年级	种植园	学会种植花木、果树、蔬菜
高年级	木工坊	学会简单的木工技艺

让学生在劳动过程中循序渐进地学会照顾身边的动、植物，学会种植花木、果树、蔬菜，学会简单的木工技艺。同时，挖掘本地的劳动教育实践资源，开辟劳动实践基地，让学生动手实践。

从校内到校外，再延伸到我们的家中，开展"快乐小厨神"劳动教育活动，让学生在家里尝试做简单的家常餐，掌握一定的独立技能，建造"家庭快乐小厨神"基地。具体规划如下表。

"家庭快乐小厨神"基地

周次	菜名	基地
第1周	西红柿炒蛋	各自家中厨房
第2周	蒸茄子	
第3周	清炒土豆丝	
第4周	炒菜花	各自家中厨房
第5周	炒丝瓜	
第6周	可乐鸡翅	
第7周	红烧排骨	
第8周	清蒸鲈鱼	

第二节　劳动教育基地的实施方案

实施方案是指对某项工作活动，从目标要求、工作内容、方式方法到工作步骤等做出全面、具体而又明确安排的计划类文书，是应用写作的一种文体。"用兵之道，以计为首"。无论是单位还是个人，无论办什么事情，启动前都应该有一份详细的实施方案。这样，工作就有了明确的目标和具体的操作步骤，既增强了工作的主动性和方向性，减少盲目性，使工作有条不紊地进行，又是对工作进度和质量的考核，对大家有着一定的督促作用，从而起到事半功倍的效果。因此，我校劳动技能活动科组的各年级骨干教师在每一次活动前都会根据学生的年龄和心理特点以及活动的内容，从"活动目标""活动时间""活动对象""活动安排""注意事项"和"费用预算"等几个方面制订一份详细而周全的实施方案，从而促进工作有条不紊、高效地完成。

> **莞城中心小学一年级"走进东莞市香蕉蔬菜研究所"劳动实践基地实施方案**

一、活动目标

让学生走出课堂，走进"自然生态教室"，近距离接触与生活息息相关的农作物，增强对农作物的认知能力，增长课外见识。我们将组织、带领学生统一坐大巴车走进东莞市香蕉蔬菜研究所，实地了解香蕉和蔬菜的培育、生长过程，激发其对科学的兴趣，开展一系列有趣、有意义的考察、探究活动。

二、活动时间

2018年12月17日至21日（星期一至星期五），每天上午8：15—11：45。

三、活动对象

一年级全体学生，每天安排两个班同时外出。具体安排如下：

星期一（12月17日）：一（1）班、一（2）班

星期二（12月18日）：一（3）班、一（4）班

星期三（12月19日）：一（5）班、一（6）班

星期四（12月20日）：一（7）班、一（8）班

星期五（12月21日）：一（9）班、一（10）班

备注：学校将于12月14日星期五下午邀请东莞市香蕉蔬菜研究所高级农艺师任晓雯到莞城中心小学开展讲座，让学生对东莞市香蕉蔬菜研究所的概况、香蕉的种植和蔬菜病虫害的防治等知识有初步的了解。

四、活动安排

8：15—8：30带领学生在学校就地进行团队建设；召集家长义工沟通活动安排与注意事项。

8：30集合排队上车，出发前往东莞市香蕉蔬菜研究所。

9：00—11：00分组参观考察，开展活动：了解香蕉组培过程（预计30分钟）；参观蔬菜园、温室大棚（预计30分钟）；参观香蕉资源圃（预计30分钟）；收玉米、摘草莓等（预计20分钟）。

11：00乘车回校。

11：30—11：45辅导员组织学生进行活动分享与活动总结。

五、注意事项

1. 由东莞市青年国际旅行社有限公司负责购买保险，各班提供学生姓名+身份证号码+家长姓名（监护人）、带队老师及家长义工名单（姓名、身份证号码、联系电话）。

2. 全体参加人员必须注意交通安全，每班学生由正副班主任带队前往，邀请4位家长义工协助（参加学生人数少于41人的，家长义工可增加1名，因车是53座）。

3. 学生准备：统一穿运动校服、舒适的运动鞋，携带轻便的背包、水杯、帽子（或雨伞）、笔、笔记本，学生自备不烫手的碗和勺子（香蕉糖水环节）。

六、费用预算

1. 基地指导老师：45元/人（每班4名辅导员、每天1名工作人员）

2. 车费：38.5元/人（每班一辆车，53座车，每人一正座）

3. 资料手册：5元/人

4. 活动回顾视频和电子相册制作：2.5元/人

5. 制作糖水材料费：3元/人（糖水制作费、阿姨劳务费）

6. 平安团队保险：1元/人（保障：10万元的意外伤害及2万元的意外医疗费）

7. 校外劳动技能课设计研发及课程落实费用：10元/人

8. 税点：6元/人

费用合计：111元/学生

本次活动以自愿为原则，由学生监护人自行决定是否参加。若不参加，由学校安排老师统一组织在校学习。活动回执请在星期一（12月10日）交回学校。

东莞市莞城中心小学

2018年12月6日

活动回执

班别	姓名	是否自愿参加	学生身份证号码	家长电话	家长签名

莞城中心小学四年级"莞邑小吃"劳动技能活动之参观"东莞市饮食风俗博物馆"活动方案

一、活动目标

为了让学生对东莞的饮食文化有更深入的认识，培养劳动意识，锻炼和增强动手能力，本学期四年级将开展主题为"莞邑小吃"的劳动技能活动，组织学生参观"东莞市饮食风俗博物馆"，并让学生亲自动手尝试制作东莞小吃。

二、活动时间

第7周、第8周星期一至星期五每个下午2：00—4：30。

三、活动对象

四年级全体学生，具体安排如下：

	星期一	星期二	星期三	星期四	星期五
第7周	四（1）班	四（2）班	四（3）班	四（4）班	四（5）班
第8周	四（6）班	四（7）班	四（8）班	四（9）班	四（10）班

四、活动安排

从学校出发，乘车至东莞市饮食风俗博物馆，免费参观博物馆，由讲解员为学生做讲解，参观后学生制作东莞小吃，博物馆提供制作的场地和材料，有专人指导，并把食品煮熟。活动结束再乘车回校，总时间约两个半小时。

五、注意事项

1. 参观博物馆是免费的，而制作东莞小吃的活动每生须交40元（制作活动以自愿参加为原则，届时由博物馆人员收取）。

2. 旅游公司提供回来乘坐的豪华大巴，每车45座，一个班坐一辆车，来回费用为1000元（已含保险费：每人2元），该费用由参加的学生平均分摊，届时家委会核算收取。

3. 全体参加人员必须注意交通安全，每班学生均由正副班主任带队前往，邀请几位家长协助。

4. 学生视自身需要自行携带饮用水及其他物品（笔、笔记本、相机等）。

5. 学生要注意纪律，听从指挥。

本次活动以自愿为原则，若不参加，由学校安排老师组织在校学习。活动回执请在星期×（×月×日）早上交回学校。

东莞市莞城中心小学

2015年4月3日

活动回执

班别	姓名	是否自愿参加	家长电话	家长签名	备注

东莞市莞城中心小学2020—2021学年度第一学期"垃圾分类，我们在行动"活动方案

为了深入推进学校垃圾分类工作的全面开展，提高全校师生的环保意识，鼓励全体师生积极参与垃圾分类的宣传工作，掌握垃圾分类、回收利用的常识及方法，结合我校实际，将围绕"垃圾分类，我们在行动"主题，开展一系列生动而有趣的垃圾分类活动。

本学期各年级垃圾分类活动安排如下：

年级	时间	活动内容	上交资料	负责人	备注
一年级	第3周	"垃圾分类小手拉大手"宣讲活动	1.活动方案 2."认识垃圾分类"课件（全年级统一） 3.每班上交5张照片 4.公众号推文（图文）	陈顺兴	
二年级	第5周	"垃圾分类，从我做起"绘画比赛	1.活动方案 2.评选出绘画作品，一等奖（5名）、二等奖（10名）、三等奖（15名）并颁发奖状，获奖作品需要上交扫描件，作品张贴在展板上并摆放在校史室门前展示 3.每班上交3张活动过程的照片。 4.公众号推文（图文）	祁桂嫦	
三年级	第6周	"垃圾分类环保标语"设计比赛	1.活动方案 2.评选出优秀环保标语，一等奖（5名）、二等奖（10名）、三等奖（15名）并颁发奖状，获奖标语将做成广告牌展示在校园内 3.每班上交3张活动过程的照片。 4.公众号推文（图文）	王慧云	

续　表

年级	时间	活动内容	上交资料	负责人	备注
四年级	第8周	"变废为宝"手工制作比赛	1.活动方案 2.评选出优秀手工作品，一等奖（5名）、二等奖（10名）、三等奖（15名）并颁发奖状，获奖作品需要拍照上交，作品在校史室门前展示 3.每班上交3张活动过程的照片 4.公众号推文（图文）	陈燕弟	
五年级	第11周	"垃圾分类"海报设计比赛	1.活动方案 2.评选出优秀环保海报，一等奖（5名）、二等奖（10名）、三等奖（15名）并颁发奖状，获奖作品需要上交扫描件，作品张贴在展板上并摆放在校史室门前展示 3.每班上交3张活动过程的照片 4.公众号推文（图文）	袁细欢	
六年级	第13周	"垃圾分类，从我做起"征文比赛	1.活动方案 2.评选出优秀征文，一等奖（5名）、二等奖（10名）、三等奖（15名）并颁发奖状，获奖征文需要上交扫描件，征文张贴在展板上并摆放在校史室门前展示 3.每班上交3张活动过程的照片 4.公众号推文（图文）	梁玉英	

备注：

1. 各年级的活动由级长统筹安排组织并落实完成。

2. 学校统一提供展板或展台摆放在校史室门口，本年级的美术老师负责展板或展台的设计和表头的绘制。

3. 各年级的公众号推文在发布前先交给李淑霞老师审阅。

4. 各年级的活动资料整理好后，交给陈丽君老师保存并上传。

东莞市莞城中心小学

2020年9月18日

劳动教育基地考察课程·莞城中心小学五年级"走进东正社区"劳动技能活动之"我是东正小义工"方案

一、活动背景

东正社区地处东莞市莞城区东北面，东至鸦叫尾，南至市人民公园，西靠西正路，北临运河。社区面积约2.5平方千米，户籍人口2.1万。东正社区党工委下设3个支部，辖下东正、宣化、安靖、新河、鸿裕、翠景、叫尾7个居民小组。辖区内市属机关、企事业单位、学院、中小学校、市级医院、幼儿园、图书馆、少年宫、人民公园、东门广场等社会公共服务设施齐全，人居环境优美、城市功能完善。社区居民委员会设有爱卫会、调解会、治保会、妇代会、计生协会和居民议事会等自治组织，并与东莞市理工学院、东莞中学、经贸中心、市粤剧发展中心等15家单位结成社区共驻共建单位，并建有巾帼志愿者、青年志愿者、治安义务巡逻队、兼职消防巡逻队和6支广场群艺文体活动队等组织，是一个具有历史文化沉积的文明社区，也是一个在现代城市化建设中崛起的多元化人文社区。

东正社区是学生了解社区组织结构、社区服务、志愿精神的一个非常好的窗口。

二、活动目的

通过对东正社区综合服务中心的参观，了解社区的功能与服务。

通过体验陌生探访志愿服务，培养学生服务社会的技能和意愿。

通过分析调查结果，形成调查报告。

通过组织义卖活动，为社区孤寡老人提供帮助，引导学生关注社区、关心弱势群体，增强学生的社会责任感。

三、活动安排

活动对象、时间及人数批次：

五年级全体学生，每天安排两个班分别外出。具体安排如下：

2017年11月13日至17日（星期一至星期五）

计划人数：共10个班，约400名学生，20名学校老师，50名义工家长

11月14日13：45—17：15，五（1）班，五（2）班

11月15日13：45—17：15，五（3）班，五（4）班

11月16日13：45—17：15，五（5）班，五（6）班

11月17日08：00—11：30，五（7）班，五（8）班

11月17日13：45—17：15，五（9）班，五（10）班

莞城中心小学五年级"走进东正社区"劳动技能活动工作表

活动阶段	活动时间	赏学游	中心小学	东正社区
活动前	11月10日之前	1.前期资料准备 2.前期物料准备 3.辅导员培训	1.提供保险名单 2.让家长填写外出活动同意书（同意书模板见文后） 3.学生收款 4.学生分组：每班将学生平均分成5组	1.赏学游辅导员培训 2.相关参考资料提供 3.学校召开讲座
活动中	11月13—17日	13：45—14：10 1.召集老师、义工家长说明活动流程及注意事项 2.团队建设	1.通知家长义工时间与活动安排 2.按规定时间、地点集合学生 3.督促家委会上交活动费用给赏学游负责人	参观准备工作
		14：10—14：30 由学校步行出发，抵达东正社区综合服务中心	协助管理	
		14：30—15：00 到达东正社区综合服务中心进行参观（东正社区3名社工配合介绍，在服务中心参观时，我们会将学生分成3、4、3组的组合）		配合参观活动
		15：30—16：30 各小组进行社区陌生探访（一组8名学生，由1名辅导员、1名家长义工陪同进行陌生探访）		

活动阶段	活动时间	赏学游	中心小学	东正社区
活动中	11月13—17日	16：30—17：15返回校园，辅导员进行团队分享	1.组织学生进行调查资料整理分析，生成调查报告 2.反馈调查报告结论给东正社区 3.通知家长义卖会活动时间与准备工作	根据调查结论确认受助名单
活动后	协商待定	协助学校进行义卖会活动，配合活动进行	1.提供义卖会场地、道具 2.确定活动最佳时间 3.校园义卖宣传 4.组织家长、学生进行义卖活动 5.跟东正社区确定帮扶方式，将义卖所得捐给孤寡老人	1.根据学生调查结论进行资料筛选，由东正社区综合服务中心协助确认，每个班帮扶一户孤寡老人 2.邀请志愿者代表协助义卖会活动进行

备注：星期一东正社区服务中心休息，建议星期二到星期五某一天上午进行，具体时间请学校提前安排好，再与东正社区沟通。

四、活动路线

莞城中心小学→东正社区综合服务中心→陌生探访→莞城中心小学

五、注意事项

1.东莞市青年国际旅行社有限公司负责购买保险，各班提供学生姓名+身份证号码（港澳学生出生日期）+家长姓名（监护人）、带队老师及家长义工名单（姓名、身份证号码、联系电话），名单请于11月10日之前发送到朱晓娜邮箱1750332704@qq.com。

2.请家长填写活动回执，填好后统一交回各班班主任处，同意书模板见文后。

3.参观时文明有序，服从老师和辅导员的指挥，并认真倾听。

4.学生准备：穿运动校服、舒适的运动鞋，携带轻便的背包、水杯、帽子

（或雨伞）、相机、笔、笔记本。

六、费用预算（按整个年级389人计算）

1. 赏学游辅导员：57元/人（5名辅导员和1名工作人员）

2. 资料手册、调查表：5元/人（调查表每组3份，资料手册每人1份）

3. 活动回顾视频和电子相册制作：2.5元/人

4. 保险：1元/人（保障：10万元的意外伤害及2万元的意外医疗费）

5. 校外劳动技能课设计研发及课程落实费用：10元/人

6. 税点：4.5元/人

费用合计：80元/学生

东莞市莞城中心小学

2017年10月19日

附件：活动回执（必须用正楷字体书写及签名）

活动回执

班别	姓名	是否自愿参加	家长电话	家长签名	备注

第三节 劳动实践基地实施案例

一份完整的活动实施案例，能体现活动的策略性与合理性、流程设计科学性、管理水平及成效程度等。因此，案例也可推测活动项目的总体设计情况。同时，案例可作为项目活动总体情况的浓缩，帮助组织者与参与者发现存在的问题与不足。因此，案例可以起到一个总结与反思的作用，为今后更好地推进活动起到一定的促进作用。在案例撰写的过程中，涉及归纳总结能力、举一反三效应、成功经验积累和相关理论与技能等，故能有效提升组织者的经验以及延伸能力、执行水平与项目操作水平。

教师通过案例的撰写可有三个提升：一是综合能力的提升。撰写案例能锻炼教师如何从事实的罗列与堆积中进行合理的浓缩、提炼，并将其提高到理论的层面。二是组织统筹能力的提升。案例的撰写也能提高教师组织统筹活动的协调能力。三是收集整理能力的提升。可根据活动过程中的亮点来考虑今后活动策划与实施的方向，同时也能实时总结，避免重蹈覆辙。

下面呈现的是学校劳动技能教育的几份活动方案。这几份方案从"活动背景""活动目标""活动内容"和"实施过程"等几个方面进行撰写，浓缩了劳动教育活动的整个过程。

莞城中心小学五年级走进"金谷现代生态农业观光园"劳动教育实施案例

一、活动背景

记得在一次学期开始的劳动教育活动课上，笔者在所教的班里做了"你周末一般是如何度过的？"小调查，经过现场调查，发现班上有50%以上的学生周末参加各种辅导班，有40%左右的学生玩电子游戏，有10%左右的学生看书、看电影等。平时，我和学生交谈，发现他们往往更注重学习和娱乐，爱和家长玩一种"偷菜"的游戏。在城市里长大的学生，不知道餐桌上的蔬菜是如何生长的，他们从来没有下过地，更别说种菜了。面对学生耕种知识的贫乏以及对田园生活的向往，莞城区教育办联系到东莞市厚街的金谷农场现代生态农业观光园，我校在此成立了蔬菜种植基地，组织五年级学生开展"种植蔬菜"的农业劳动教育活动。

二、活动目标

（一）价值体认

通过开展"种植蔬菜"劳动教育实践活动，让教育与劳动相结合，让学生们在参与劳动过程中可以感知劳动的美、创造劳动的美、品味劳动的美。

（二）责任担当

通过开展"种植蔬菜"农业劳动教育活动，培养学生敬业实干、热爱并踏实做好自己本职工作的主人翁责任感。通过小组合作劳动实践活动，学生感受到与他人合作、交流的乐趣，提高其与人合作、沟通的能力。

（三）问题解决

通过开展"种植蔬菜"农业劳动教育活动，开展系列劳动教育活动及解决种植过程中遇到的问题。

1. 围绕种菜，提出有关种菜的问题，培养学生的问题意识。

2. 围绕种菜，收集相关资料，认识有关蔬菜，了解蔬菜生长情况及蔬菜种植方法，培养学生收集、处理信息的能力。

3. 通过让学生策划活动方案，培养他们的策划能力。

4. 让学生学会种植方面的劳动技能，经历从播种到收获的过程，培养学生们观察现象、发现问题、研究问题、解决问题的能力。

（四）创意物化

通过开展"种植蔬菜"劳动教育实践活动，让学生用亲手种植、采摘的蔬菜制作一道菜，感受制作的快乐。

三、活动内容

（一）活动内容的整体规划

第一阶段（准备站、搜查站）（2018年9月28日—10月13日）

第二阶段（讲座站）（2018年10月14日）

第三阶段（耕种站、管理站）（2018年10月15日—12月25日）

第四阶段（收获站、展示站）（2018年12月26日—30日）

第五阶段（拓展站）（2019年）

（二）活动内容的具体安排

开展农业劳动教育基地实践课程，让学生经历准备站—搜查站—讲座站—耕种站—管理站—收获站—展示站—拓展站等阶段。

活动驿站	教师指导	学生活动	学习成果
准备站	激发探究兴趣，打开学生思路	提出与种菜相关的问题，绘制思维导图	1.与种菜相关的问题 2.画思维导图
搜查站	学习收集、整理资料的方法	通过多种途径收集资料	1.资料卡 2.幻灯片
讲座站	聆听讲座的要求	听讲座，提出感兴趣的问题	笔记
耕种站	1.要求学生认真倾听园区工作人员的讲解 2.示范讲解种植过程 3.指挥学生按座号顺序下田 4.指导小组的学生种植 5.指导学生完成种植任务单，分享种植收获	翻土、播种、盖土、浇水，完成任务单、交流分享	学会种菜，完成任务单、种菜话题作文
管理站	1.指导学生就近分组 2.讲解任务单的相关要求	1.开展给蔬菜浇水、施肥、除虫等种植活动 2.带上尺子，测量蔬菜的生长，做好记录 3.观察蔬菜的生长，用几句话写出自己的独特发现或提出自己的疑问	1.劳动过程照片、PPT

续　表

活动驿站	教师指导	学生活动	学习成果
管理站	3.回收任务单，展示学生的照片、PPT	4.来到年级的试验田里，观察"密植试验田""化肥试验田""普通种植田"中蔬菜的生长情况，并填写记录表	2.蔬菜生长照片、PPT 3.记录表
收获站	1.介绍收割的方法 2.指导学生策划"蔬菜义卖活动方案"	1.策划活动方案 2.在家长的帮助下收摘蔬菜 3.义卖、献菜	1.活动方案 2.采摘照片 3.义卖、献菜照片
展示站	找出活动亮点并展示	整理活动资料，准备展示	活动过程资料及PPT
拓展站	提出思考：还可以怎样种菜	提出打算	在家里等其他地方种菜

四、活动亮点

（一）巧用基地，整合开发课程

我们巧用农业劳动教育活动这一蔬菜种植基地，将劳动技术活动与语文、数学、科学、品德、美术等学科整合起来，编写《种植小达人》研学活动手册，开发农业劳动教育活动基地实施课程。

《种植小达人》研学活动手册

（二）多方参与，增强指导力度

采用"三位一体"的组织形式，指导学生开展活动。所谓"三位"，包括教师、农业所工作人员和农场工作人员及家委会成员。教师负责活动的组织和策划；农业所工作人员和农场工作人员负责技术指导；家委会协助教师，组织学生开展活动。

（三）驿站导向，有效实施课程

开展农业劳动教育活动基地实践课程，让学生经历准备站—搜查站—讲座站—耕种站—管理站—收获站—展示站—拓展站等阶段。

（四）任务驱动，有效导向活动

我们以任务驱动的方式，在展开劳动教育实践前进行师生合作，设计相关的任务单，让学生带着任务去完成农业劳动教育活动课程。

五、实施过程

（一）准备站

1. 订方案

由学校行政、主管学校劳动技术活动的科长以及五年级的级长开会讨论，制订"莞城中心小学五年级金谷现代生态农业观光园种植方案"，统筹安排活动的全过程。

2. 编手册

蔬菜种植基地这一农业劳动教育活动，将劳动技术活动与语文、数学、科学、品德、美术等学科整合起来，编写《种植小达人》研学活动手册，开发农业劳动教育活动基地实施课程。

3. 开题课

在新学期开始的劳动技术活动课上，教师通过课件，出示大量的蔬菜图片，学生见到各种各样的蔬菜，兴奋不已，欢呼雀跃，纷纷说出他们认识的蔬菜的名字。教师趁热打铁说："同学们，我们的生活离不开蔬菜，你们想不想种植蔬菜？"

听说要种蔬菜，他们更是觉得新鲜有趣，当看到教师出示的东莞市厚街的金谷农场现代生态农业观光园的空地时，大家露出一脸的茫然。看到学生不知所措，教师说："种菜的过程，会遇到许多困难，也有许多挑战，我觉得大家可以组建一个团队来完成，也可以请爸爸妈妈来帮忙。"经过教师的引导，学生通过自由组队的方式，选出了组长和副组长，还拟定了组名和口号。

接着，请各小组在组长的带领下，讨论给我们学校的菜园定名字，并说明命名的理由。经过讨论投票，大家一致觉得"资福菜园"这个名字最合适，因为我们学校的前身是资福寺，"资福"的名字寓意吉祥、幸福。

最后，请各小组在组长的带领下，讨论：在开展种植前，你最想了解的问题是什么？大家在组长的带领下发散思维，想到了许多与种植相关的问题。

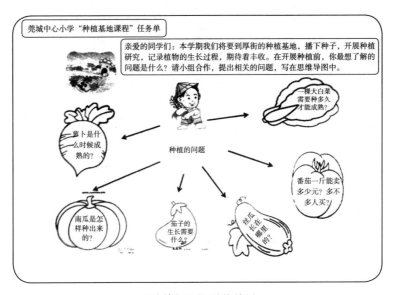

"种植问题"思维导图

4. 家委会

召开五年级家委会会议，向学生家长介绍农业劳动教育活动教育基地——东莞市厚街的金谷农场现代生态农业观光园的情况，介绍农业劳动教育活动基地校本课程，让家委会的代表成员了解活动的目的和意义。教师和家长一起讨论活动的开展，如确定种植的日期，租车、收费、安全等问题，各班拟订金谷农业劳动教育活动基地种植方案。

（二）搜查站

与金谷农业劳动教育活动基地联系，基地方面提供可以种植的蔬菜品种，让学生们投票选择要种植的四个品种，在这些蔬菜中选择自己最喜欢的一种蔬菜，上网收集种植这种蔬菜的相关资料，制作一张资料卡。

蔬菜种植资料卡

（三）讲座站

为了更好地开展种植活动，学校邀请了东莞市农业技术推广管理办公室的王晓宁老师为五年级的学生做有关种植知识的讲座。她给学生介绍了蔬菜的种类，如何根据季节选择不同的蔬菜种类以及育苗、浇水、施肥、防虫等过程中的注意事项。

蔬菜种植知识讲座

（四）耕种站

2018年10月15、16日，我校五年级的学生在正副班主任、各班家长志愿者的带领下，兴致勃勃地来到东莞市厚街的金谷农业劳动教育活动基地进行参观、种植、采摘活动。

厚街金谷农业劳动教育活动基地

到达基地后，各班按照我校劳动技术教育活动科组事先策划的活动方案，有条不紊地开展各种活动。瞧，学生在家长志愿者的带领下，走进无土栽培场，按照任务单的要求，边参观、边观察、边拍摄、边记录，大家被无土栽培这一高科技的农业技术所吸引，不时停下来讨论，感受现代农业的无穷魅力。

观察无土栽培

看，五（4）班的家长志愿者们一大早就赶到我校在园区租用的菜园里，他们在梁焕英副校长、陈丽华老师的指挥下，忙着把"资福菜园"这四个大字贴在菜园的大门口。

"资福菜园"建起来了

在菜园里，学生们也忙开了，他们每人手拿一把小锄头，热火朝天地干起来。干了一会儿，脸就被太阳晒得红扑扑的，汗流浃背，手被磨破，但他们顾不上这些，一心想把泥土翻松。翻土后，就播撒种子、浇水、埋土，有模有样，活像一群小农民！

翻 土

播 种

浇　水

学生们提着篮子，举着照相机，走进了果园，这边看看，那边瞧瞧，正在比较哪个果子最大、最美、最甜，相中后，才满怀喜悦地拿着剪刀，把心仪的果子剪下来。

采葡萄

摘火龙果

（五）管理站

蔬菜播种后，平时由金谷农业劳动教育活动基地的员工负责打理，到了周末，在教师、家委会的统筹组织下，全班同学分成10个小组，在家长的带领下，带着任务单，来到基地浇水、施肥、观察、测量。完成任务单，并张贴在教室的墙报上。

"浇水、施肥、观察、测量"的任务单

（六）收获站

教师和家委会成员拟订活动方案，举行一次"蔬菜丰收义卖"活动。家长们带领学生们去基地收菜，捆扎好，拿回学校义卖，有些班把菜送给了敬老院。

蔬菜丰收义卖

把菜送给敬老院

（七）展示站

转眼间，到了期末成果展示的日子，教师指导他们找出在种菜劳动中自己小组的亮点做展示。"丰收菜园"组的同学们闪亮登场，他们汇报了种植体验活动前，为了更好地了解种植知识，特邀请了有种植经验的家长讲解种菜的过程。"蔬香门第"组的同学们介绍了他们别出心裁的组名来历，重点讲述了一开始大家闹矛盾，最后学会合作的故事。"缤纷菜园"组的同学们展示了他们用亲手采摘的蔬菜做的缤纷菜肴。"五彩菜园"组的同学们把他们做的问题探究卡、资料卡、记录表一一展示出来。"绿色菜园"组的同学们给大家分享了他们的梦想，希望在学校进行无土栽培实验，让大家吃上绿色无公害的放心菜。"开心果菜园"组的同学们和大家分享了义卖自己亲手种植的蔬菜的趣事。"莘莘菜园"组的同学们给大家分享了他们在刨地时，一开始不会拿锄头，用力过猛，弄得泥土飞到嘴里的狼狈事。"阳光菜园"组的同学们给大家分享了把菜送到敬老院的经过。

"绿色菜园"组的"无土栽培"梦

"开心果菜园"组分享义卖的趣事

(八) 拓展站

经过一个学期的种菜劳动，学生爱上了种菜。他们有的希望在学校进行无土栽培实验，让大家吃上绿色无公害的放心菜；有的想利用学校的空地种菜；有的尝试运用所学的种菜知识在家里利用花盆种菜。

阳台小菜园

六、学生收获

一个学期以来，我校五年级学生在正副班主任、各班家长志愿者的带领下，来到东莞市厚街全谷农业劳动教育活动基地开展种植蔬菜活动，他们收获了累累硕果。围绕种菜，学生进行小组合作，提出有关种菜的问题，绘制了思维导图，有一定的问题意识。他们不仅学会了种植蔬菜的劳动技能，还将各科知识融合学习，运用信息技术收集、整理资料；运用数学知识测量、统计；在田间地头，了解植物的科学知识；活动也为他们提供了作文、绘画的素材，他们用笔写出生动的文章、画出美丽的图画，真正感受到了劳动的艰辛、劳动的快乐、劳动的收获。

七、反思评价

我们认为，开展"认识蔬菜和种植蔬菜"农业劳动教育活动并不是简单的种菜，而是将其视为一个课程——"驿站任务式"农业劳动教育活动基地课程。我们巧用农业劳动教育活动基地，将劳动技术活动和语文、数学、科学、品德、美术等学科进行整合，开发农业劳动教育活动基地课程，提高学生的综合能力。

在开展种菜农业劳动教育活动基地课程时，我们非常重视评价，设计了如下的"种植小达人"农业劳动教育活动评价量表。

活动驿站	学生活动	自评	互评	师评	家长评
准备站	提出与种菜相关的问题，绘制思维导图				
搜查站	通过多种途径收集资料；制作资料卡、幻灯片				
讲座站	认真聆听讲座，做笔记				
耕种站	1.学会种菜 2.完成任务单 3.交流分享 4.完成种菜话题作文				
管理站	1.完成劳动任务 2.做好记录 3.观察并提出自己的疑问 4.填写记录表				
收获站	1.策划活动方案 2.在家长的帮助下收摘蔬菜 3.义卖、献菜				
展示站	1.整理活动资料，准备展示 2.大方得体地展示成果				
拓展站	提出未来"种菜"的畅想				

注明：A（优）、B（良）、C（中）、D（差）

通过自我评价、同伴评价、教师评价、家长评价等一系列过程性评价，学生们不但学会了种菜，还培养了珍惜劳动成果的品德，在劳动中愉悦了身心、强健了体魄、增强了意志力，涵养了吃苦耐劳的精神。学生在参与劳动的过程中感知到劳动的美和创造的美。

美化我的房间
——劳动教育主题活动案例

一、活动背景

习近平总书记在全国教育大会上指出，要在学生中弘扬劳动精神，教育引导学生崇尚劳动、尊重劳动，懂得劳动最光荣、劳动最崇高、劳动最伟大、劳动最美丽的道理，长大后能辛勤劳动、诚实劳动、创造性劳动。一段时间以来，劳动教育在学校中被弱化、在家庭中被软化、在社会中被淡化。

经过调查，我们发现许多三年级的学生生活自理能力差，虽然有劳动的热情，但缺少劳动的方法，自己的房间不会收拾，常常弄得乱七八糟，许多人都是依赖家长或雇用清洁工来帮忙清洁。

针对这些情况，我们打算通过本次劳动教育主题活动，让学生们从身边的小事做起，从清洁、整理、装饰自己的房间做起。通过教师的课堂引导，让学生掌握清洁、整理、装饰自己房间的方法，弘扬劳动精神，引导学生崇尚劳动、尊重劳动，懂得劳动最快乐、劳动最光荣、劳动最崇高、劳动最伟大、劳动可以创造美的道理。

二、活动目标

（一）价值体认

通过"美化我的房间"劳动教育活动，弘扬劳动精神，引导学生崇尚劳动、尊重劳动，懂得劳动最快乐、劳动最光荣、劳动最崇高、劳动最伟大、劳动可以创造美的道理，从而产生劳动快乐的意识，培养爱劳动的情感。

（二）责任担当

通过动手美化自己的房间，学生学会处理生活中的基本事务，初步养成自理能力、自立精神，培养自己的家庭责任意识。

（三）问题解决

在教师的引导下，通过各种方式，学会清洁、整理、收纳房间的方法，会利用废旧物设计装饰品来美化房间。

（四）创意物化

通过动手操作实践，初步掌握手工设计与制作的基本技能，设计制作装饰品美化房间。

三、活动年级

三年级学生。

四、活动时间

2019年10月—2019年11月

五、活动实施

（一）活动内容的整体规划

第一阶段：确定主题（2019年10月8日—10月11日）

第二阶段：活动实施（2019年10月14日—10月25日）

第三阶段：成果展示（2019年10月28日—11月15日）

（二）活动内容的具体安排

本次主题活动根据内容分为六个活动展开，具体安排如下。

时间	活动内容	活动课时	负责人
第1周	活动一：定主题，建小组 1.图片激趣，确定主题 展示整洁的卧室图片，激发兴趣，确定研究主题。 2.组建团队，成立小组 自由分组，推选组长，明确分工，确定研究方向以及活动基本流程。	1课时	指导教师 全体学生
	活动二：收集资料，做资料卡 小组讨论，查找资料，了解与整理、美化房间有关的知识，形成资料卡。	课余时间	全体学生
第2周	活动三：清洁有法我能行（方法指导） 通过微课和动手操作，让学生了解清洁的方法和步骤以及注意事项，小组合作开展劳动竞赛。	1课时 课余时间	指导教师 全体学生
第3周	活动四：收纳窍门我尝试（方法指导） 游戏激趣，微课指导，让学生了解收纳的方式、方法以及注意事项，小组合作开展劳动竞赛。	1课时 课余时间	指导教师 全体学生

续 表

时间	活动内容	活动课时	负责人
第4周	活动五：装饰房间我设计（方法指导） 让学生了解装饰房间的方式、方法以及注意事项，小组合作开展装饰房间设计活动。	1课时	指导教师 全体学生
第5周	活动六：美化房间我来秀 1.各小组整理前期活动的成果（照片、小视频、劳动小妙招等）。 2.思考展示的方式，写展示词，做展示的准备。 3.举行"美化房间我来秀"成果展评课： （1）各小组以PPT、视频等形式展示劳动过程，做简单的介绍，回味劳动的艰辛及快乐，真切感受劳动创造美的道理。 （2）选出本次活动中表现最好的小组。 （3）相互评价，反思促进。	1课时 课余时间	指导教师 全体学生

（三）活动过程

1.定主题，建小组

在一次家访当中，笔者无意中看到那个男孩卧室中的床铺、书桌、书柜可以说是整整齐齐、一尘不染。当时立马赞叹道："房间整理得这么漂亮，你的习惯真好。"但学生妈妈立马告诉笔者，是阿姨整理的，阿姨平时每周来一两次。昨日听说老师要来家里进行家访，孩子特意叫阿姨今天上午来打扫整理的。听了这话后，笔者心里有了想法，于是顺手给学生的房间拍了几张照片。

整齐的书柜

　　我将几张照片投影给所有学生看，并在班里进行了"我和我的房间"小调查，让大家谈谈自己观看照片后的感受。于是，我以此为契机，问大家是不是也想自己动手，让自己的房间美起来。同学们都异口同声地说好。于是，我们经过讨论交流，最终决定以"美化我的房间"为主题，开展一次劳动教育主题活动。通过我们勤劳的双手，让自己的房间变得更舒适、更美观。

填写问卷

　　在"美化我的房间"劳动教育活动主题确定后，为了发散学生思维，我让他们通过头脑风暴，以"美化我的房间"为中心词，把能想到的相关发散性问题提出来，并以关键词的形式记录下来。

　　学生得到方法的引领后，提出了很多自己感兴趣的问题。我和他们一同提炼，把运用头脑风暴思考的问题以关键词的形式记录下来，再经过小组讨论、全班讨论及争辩中的筛选、归纳、整理，最终定下了"清洁""整理""收纳"和"装饰"四个劳动小主题。

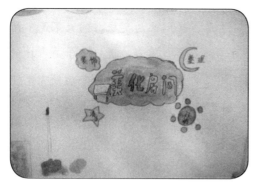

美化房间主题

确定了活动主题后，我们就开始自主组建团队。首先让学生毛遂自荐成为小组长，自由组建劳动小团队，6个人一组，并给小组定个组名，拟定一个口号。这样，一个个劳动小组就组建成功了。

2. 阶段性成果——美化房间我有法

（1）资料卡

三年级的学生已经有了一定的劳动技能，但还不熟练；有劳动的热情，但缺少劳动的方法。因此，笔者让学生们讨论：想让自己的房间变得井然有序、整洁又美观，可以从哪里学习到相关的方法？学生以小组为单位，进行讨论汇报。最终，我们找到了"请教家政阿姨或者妈妈""上网搜索"和"结合打扫卫生的经历"三个主要方法。

上网搜索　　　　　　　　　　　采访清洁阿姨

　　于是，以小组为单位，学生分工合作。有的采访了学校清洁阿姨，有的上网搜索资料，还有的在图书馆找到了关于整理的书籍。将收集到的资料整合在一起后，我引导学生删减相同的或与研究小主题无关的内容，保留不同的以及与主题相关的资料并制作成资料卡。

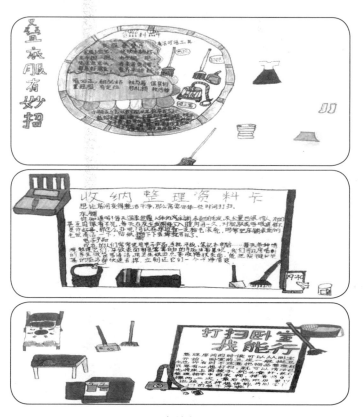

资料卡

（2）清洁妙招

　　前期的头脑风暴，使学生大致明白了要想让房间变得整洁美观，首先必须保持干净。因此，笔者通过创设情境，展示了房间地板有污渍、书桌灰尘密布、地面垃圾成堆等几幅图片，并让他们选择合适的清洁工具进行清理打扫，从而引导他们学会正确地选择打扫工具这一小常识。

　　在懂得了要根据具体情况选择正确的清洁工具后，笔者又通过播放微课，以图文并茂的方式，用大量实例说明清洁的步骤和方法以及注意事项等。学生们观看微课，对清洁方法进行巩固，并小组合作编写"清洁小妙招"。

观看微课

习得清洁方法和步骤后，班级开展了清洁行动大比拼。第一轮是拖地比赛，班级推选出平时拖地最干净的同学参赛，谁在最短的时间内将地板拖干净，谁就获胜。第二轮是擦玻璃比赛，每组每一轮分别派一名同学参加比拼，教师划分好区域、准备好工具，其他同学观察。时间为2分钟，最后大家当评委，看哪个组擦得更干净。

拖地比赛

擦玻璃比赛

比赛后，小组交流，全班分享交流，并把遇到的困难罗列在清单上，最后一起分享解决办法。

"清洁有法我能行"任务单

学以致用。小组比赛、交流讨论后，学生对清洁方法和步骤有了进一步的了解。因此，笔者布置了回家作业，让学生运用习得的方法将自己家里的地板清洁干净，并拍照上传到班群分享。

在家中清洁地板

　　周末，笔者发现全班学生都积极参加了本次清洁地板的活动。平时自理能力差的梓浩也清洁起自己的房间来，家长还说，他清洁完自己的房间后，还说要打扫客厅，并主动提出以后可以不请阿姨了。周末有时间就和妈妈一起清洁和整理房间、客厅、厨房和厕所。自己的家自己动手清洁、整理，会更加珍惜它，也会使它变得更加温暖。

平时很懒的乐乐也积极行动起来，一大早就起来扫地、拖地、擦桌子。事后还写下了以下的劳动日记：

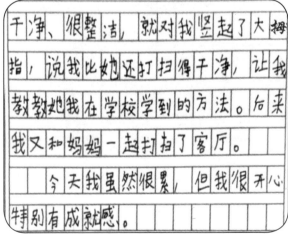

乐乐的劳动日记

我把学生做清洁的照片发到朋友圈，引来众人的点赞、评论！

我是清洁小能手

（3）收纳妙法

通过"清洁有法我能行"方法指导之后，我在班群中有意选择了一些地面干净，但书桌、床铺等比较凌乱的照片，制作了一个简单的PPT，让学生在欣赏时思考：我们把地面清洁干净了，为什么我们的房间看上去还不美观呢？从而引发大家的思考、质疑，并引出"收纳窍门我尝试"方法指导课，让学生了解房间美观不仅是把地面清洁干净就可以了，还必须对房间里摆放的物品进行收纳整理。

PPT图片

班级里正好有两个小书柜，于是，我以两个小书柜为道具，第一轮：事先将一个书柜的书零散地、正反交错地堆放在一起；而另一个书柜的书则从小到大、整整齐齐地摆放好。然后分别找两名同学找出我要的书，比一比谁的速度快，结果显而易见。

找书游戏

比赛结束后，以小组为单位交流讨论——是什么影响了找书的速度？我们要怎样做才能以最快的速度找到自己想要的书籍？

交流汇报，教师总结整理方法：有顺序。

第二轮：准备两个书柜，一个书柜没有分类放书，另一个书柜按作文书、数学课外书、语文课外书等顺序分类摆放。还是刚才的两个同学，教师要求他们找出其中一个类别中的一本书，比一比谁的速度快。

学生交流感受，教师总结整理方法：分类别。

通过游戏，学生明白了书籍的整理要有顺序、分类别。

那么衣物要怎样整理收纳呢？于是通过播放微课，引导学生们学习收纳。

微课学习

　　微课的内容是两个同样大的行李箱装一样多的衣服，一个是各种大小的衣服按平铺的方法叠好放在一起，但看上去很满；另一个是卷起来，按大小分类放好，还有空出的位置。这样就能让学生们明白，收纳时除了要有顺序、分类别外，还要按大小整理，尽量利用空间，每件东西有固定的位置等。

　　看完微课后，教师总结收纳法：按大小、固定位置、小空间大利用。

　　通过游戏和微课，学生掌握了物品的整理要有顺序、分类别，按大小、有固定位置等小窍门。

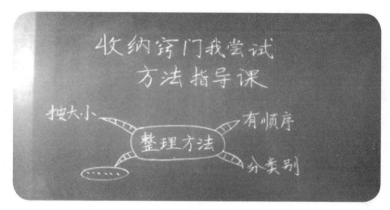

微课板书

　　让学生学以致用，现学现秀，在规定的时间内整理、收纳自己的书包。比一比谁的书包整理得最整齐有序。

　　课后巩固方法，熟能生巧，布置作业，让学生回家整理自己的书柜、书包和衣柜，并进行拍照。

书包、书柜、衣柜整理

（4）装饰房间

精选出一组组整理后的房间照片，课堂上播放给学生欣赏。一双双炯炯有神的眼睛盯着大屏幕，当看到自己的房间照片时，他们都激动不已。欣赏完大家在家整理收纳的成果照片后，我进行了采访，让他们谈谈整理收纳后的感受。有的同学说，把房间整理得干净整齐，觉得特别舒服，很享受待在房间里的时间；有的同学说，房间有条理地整理后，就很少丢文具了，还得到了妈妈的表扬；还有的同学说，房间整洁美观，心情特别好，感觉每一次做作业的时间都过得很快……

在欣赏了自己的劳动成果后，我紧接着播放了一组布置房间的小装饰图片。学生观看后，发出一阵阵惊叹，从而引发了头脑风暴。于是，我布置任务，让学生利用废旧品加工、制作家居小装饰。

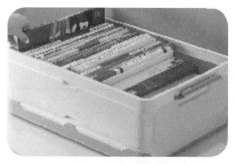

精美小装饰

有了视觉冲击后，学生的思维被激活了。于是，我马上追问：房间中的什么位置可以添置一样装饰品，看上去会让人感觉更加整洁或眼前一亮？你准备用什么材料来制作？我们也能用自己的小手来装饰我们的房间。出示如下任务单，让学生们试试看！

> **任务单**
>
> 思考：你房间中的什么位置可以添置一样装饰品？你准备用什么材料来制作？完成设计图。

以小组为单位讨论交流，全班汇报。有的同学说，在书桌的旁边粘一个钩子，挂上一个挂书袋，这样就可以放置更多书，并且占用空间小，还很容易找到自己想要的书；有的同学说，可以利用一个漂亮的鞋盒做一个收纳盒来装文具、透明胶、剪刀等一些小物品。

　　全班同学交流汇报后，每个人都有了自己的想法，于是我让他们根据自己的设想在任务单上绘制小装饰的设计草图。

装饰位置：	装饰品材料：
装饰品图：	

　　设计了小装饰草图后，以小组为单位，互相欣赏，并提出修改意见。经过修改，小组推选出本组最有创意的设计，并在班级进行解说与展示。

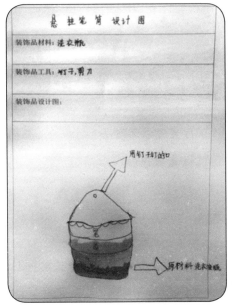
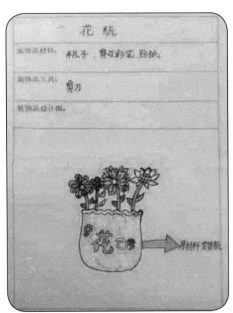

悬挂笔筒设计图

教师布置任务，提出希望，让学生利用周末时间在家制作装饰品，并提议可以上网收集相关视频或图片，或进行废物利用，学一学、做一做，让自己的房间更美。

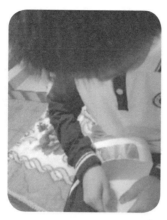

做手工，废物利用

玻璃瓶养殖碧萝

3. 最终成果——美化房间我来秀

"美化我的房间"活动接近尾声，我们就"展示、交流、分享劳动成果"课题开展了一次成果展示课。有的同学选择了拍小视频的方法，一边走一边介绍自己的房间；有的同学拍了照片并加上简单的文字说明，制作成PPT；还有的同学把自己制作的小装饰带到了课堂……

"劳动光荣"小组的同学向大家介绍了"清洁居家小妙招"，他们还把小妙招编成了儿歌。

小组分享

"劳动崇高"小组的同学向大家分享了每个同学的劳动日记。他们从小少爷、小公主变成了小小劳动者。

小组分享

"劳动快乐"小组的同学向大家介绍了"整理居家好点子"，他们一边说，一边示范。

"劳动创造"小组的同学向大家介绍了最新的科技清洁产品及其使用方法，还说了他们自己的一些小发明、小设想。

"劳动美美"小组的同学向大家介绍了变废为宝的好方法。

小组分享

最后，大家晒出"美化房间"照，我让他们评选"最美房间"，并对学生们进行了采访，请获得"最美房间"奖的同学谈心得体会。

分享房间特色

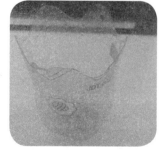

小装饰

在这个过程中，他们回顾了自己美化房间的过程，晒出了自己的房间，分享了美化过程中的心得感想，特别是讲讲劳动中的小故事环节，他们回味劳动的艰辛与快乐，真切感受到了劳动创造美的滋味。

房间一角

在交流展示中，笔者及时进行点拨，对个别从不会到会、从怕苦怕脏到不怕苦不怕累的学生给予了大力的表扬，以加强他们懂得劳动最快乐、劳动最光荣、劳动可以创造美的意识。在展示交流后，进行多元评价。

积极思考，乐于合作，敢于提出自己的看法	自评：☆ ☆ ☆ ☆ ☆ 互评：☆ ☆ ☆ ☆ ☆ 师评：☆ ☆ ☆ ☆ ☆
学会整理、收纳的方法，在家能按方法尝试	自评：☆ ☆ ☆ ☆ ☆ 互评：☆ ☆ ☆ ☆ ☆ 师评：☆ ☆ ☆ ☆ ☆
能上网查找资料，参考学习，制作房间装饰品	自评：☆ ☆ ☆ ☆ ☆ 互评：☆ ☆ ☆ ☆ ☆ 师评：☆ ☆ ☆ ☆ ☆
大方分享自己的活动收获，有劳动快乐的体验	自评：☆ ☆ ☆ ☆ ☆ 互评：☆ ☆ ☆ ☆ ☆ 师评：☆ ☆ ☆ ☆ ☆

六、活动反思

(一) 评价反思

为了更好地促进本次探究活动的开展，我们非常重视评价，进行了自我评价、同伴评价、教师评价、家长评价，从整体性评价和个性评价等不同的评价中，学会自我反思、发现自我、欣赏他人。

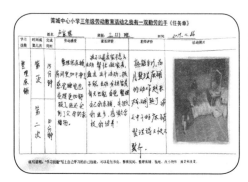
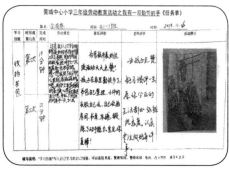
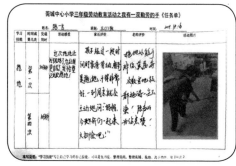
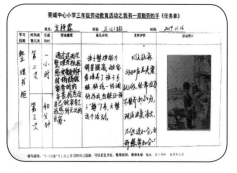

自评、家长评、师评

(二) 学生反思

陈思奇：以前，我的房间总是乱七八糟的，要找个什么东西，半天都找不着。但是，经过这次学习，我的房间变得整齐有序。现在，我特别喜欢待在我的房间里，感觉就跟坐在小书吧里一样，特别享受。

郑炜轩：之前，我能把地面上的纸屑、头发等打扫干净，但是拖地却很费劲，很难拖干净。这次看了微课后，我学到了方法，也知道了拖不干净的原因。回家我就反复试了试。现在拖地能够跟妈妈拖得一样干净了。爸爸妈妈都夸我是个家务小能手。

陈一言：我是个比较喜欢科学发明的人，我利用家里的鞋盒制作了一个双层的收纳盒，底层可以放不常用的剪刀、胶布等小物品，上面一层可以放文具。我特别有成就感。

张宸玮：平时我穿的衣服要是妈妈不帮我叠，我就堆放在衣柜里，所以很多衣服都是皱巴巴的，有时起床比较晚，半天都找不到。现在不会了，我已经养成了习惯，衣服按季节分开整理，不仅很快就能找到，而且衣服上都没有褶皱。

（三）教师反思

"美化我的房间"这个探究活动开展了近两个月，今天落下了帷幕。看着学生已经能处理生活中的基本事务，学会了清洁、整理、收纳房间的方法，还初步掌握了手工设计与制作的基本技能，会利用废旧物设计装饰品来美化房间，把自己的房间美化得整整齐齐的，并养成了自理能力、自立精神，培养出了家庭责任意识，我倍感欣慰。不仅如此，他们还懂得了尊重劳动，享受到了劳动给人带来的快乐、光荣与美，这让我欣喜不已。活动后，我也反思了很多。

1. 不足之处

组建团队时过于匆忙，许多学生希望自由分组，有些小组强强联手，有些小组实力比较薄弱；有几个学生还没有投身到探究活动中，小组讨论时，他们不参与，甚至在课室搞小动作；有的学生还故意捣乱，影响大家讨论。

家校携手才能让活动开展得更顺利，取得的成绩也会更好。刚开始时笔者忽略了此问题，没有在班级微信群中向家长朋友们告知这件事。因此，很多家长朋友不让学生动手去做这些家务。有的认为，他们打扫不干净，自己又要重新打扫，甚至担心他们帮倒忙；有的认为，家里请了清洁阿姨，没有必要自己动手清扫；还有几个家长心疼孩子，害怕在打扫卫生时伤到孩子……当学生向笔者反映这些情况时，笔者立马在班级群中告知了家长朋友们这次活动开展的意义，即通过"美化我的房间"劳动教育活动，弘扬劳动精神，引导学生崇尚劳动、尊重劳动，懂得劳动最快乐、劳动最光荣、劳动最崇高、劳动最伟大、劳动可以创造美的道理，从而产生劳动快乐的意识，培养爱劳动的情感。在得到家长朋友们的支持后，学生利用家庭这个舞台大显身手，动手能力得到了极大的提高。

2. 改进办法

分组时，最好进行异质分组，发挥组长、组员的作用。教师也要关注劳动教育活动的后进生，想尽办法让他们也积极参与到劳动中来。

"STEM"课程劳动技术活动案例
——校园文创品的设计与制作

一、活动背景

东莞市莞城中心小学创建于1906年，是一所文化底蕴深厚、颇具知名度的百年老校，校园内有具有千余年历史的东莞市一级保护文物东坡云石塔、至正大铜钟、解元屋，有具有500多年历史的大榕树，有崭新的教学大楼、众多的多功能教室等，学生对校园中的每一处都十分熟悉。

六年级的学生就要告别美丽的校园，告别朝夕相处的老师、同学，带着依依不舍的深情，跨入新的学校，开始新的、紧张的学习生活。临近毕业，学生对朝夕相处的校园更加依依不惜，为了让他们一辈子珍藏孩童的美好回忆，师生经过讨论，拟定了"校园文创会——带着'校园'走世界"这一劳动教育活动，将劳动教育活动课程与现代STEM教育相结合，整合语文、数学、科学、品德、美术等相关学科知识。本活动以项目学习、设计性学习为主，融STEM学习、探究性学习、体验学习、表现学习、互联网学习为一体。开展项目学习，让学生动脑动手，设计制作校园文化创意产品，打造富有校园文化特色的纪念品，弘扬和传播校园文化精神，激发全校师生知校、爱校的情怀。

二、设计思路

本主题活动基于"校园文创会——带着'校园'走世界"这一富有挑战性的真实主题，将劳动技术活动课程与现代STEM教育相结合，整合语文、数学、科学、品德、美术等相关学科知识，开展项目学习，通过"创设情境，拟定主题—收集资料，挖掘元素—制订方案，画出草图—制作物化，义卖分享"等基本环节，以项目学习、小组合作学习、STEM学习、体验学习、设计性学习等多种学习方式开展活动。

（一）项目学习

项目学习是一种新型教学模式，是以学生为主体，强调小组合作学习，要求学生对现实生活中的真实性问题进行探究的学习方式。其操作程序通常分为选定项目、制订计划、活动探究、作品制作、成果交流和活动评价六个步骤。

（二）驿站推动

在活动准备阶段、实施阶段、总结阶段，设计富有生活特色的驿站，推动实施活动的进程。如此一来，学生不仅有着更高的学习自主性、积极性，还能够产生成功的喜悦感，进而将其转化为进一步学习的强大动力。

（三）任务驱动

我们以任务驱动的方式设计学生学习手册，让学生带着任务去开展活动。学习手册具有综合性，整合了各科知识，进行跨学科学习；学习手册具有实践性，学生动手实践，提高学生的实践能力；学习手册具有开放性，引导学生发散思维，提出自己独特的见解；学习手册具有创造性，引导学生创造，提高学生的创造能力。

（四）导图启思

小学生的形象思维占据主导地位，图像和颜色的吸引远远大于文字，思维导图图文并重，能发散学生思维，提高学生的学习兴趣。在活动的准备站、策划站、设计站、制作站、分享站，利用思维导图提高学生的高阶思维能力。

三、活动目标

（一）价值体认

让学生了解学校的历史以及校园文化、校园景观中蕴含的文化元素，激发学生对母校的热爱，为自己是莞城中心小学人而感到自豪。

（二）责任担当

弘扬母校精神是每一个中心学子的责任。通过动手设计制作校园文创产品，不仅能使学生增强对母校的情感，更能让毕业的校友无论身在何方，都能心系母校，带着"校园"走世界。

（三）问题解决

通过真实的情境设置，让学生提出自己感兴趣的问题，并将问题转化为"带着'校园'走世界"这一富有挑战性的真实主题。运用多种方式收集资料，了解自己学校的校园文化元素，尝试校园文创产品的设计和制作，体验研究的过程与方法，培养学生敢于面对挫折与困难的品质；通过动手设计制作广告、海报、美篇等，为校园文博会做宣传，提高学生的策划能力、审美能力和创造能力。

（四）创意物化

通过动手设计、制作校园文创品，让学生初步掌握手工设计与制作的基本技能，并懂得运用常见的、简单的信息技术，设计制作具有一定创意的3D作品，解决实际问题，服务于学习和生活。

四、活动内容和规划

任务名称	活动目标	活动内容	实施要求	时间安排	预期成果形式
一、难舍的校园情怀	1.通过多种方式收集资料、实地考察、采访等，了解校园蕴含的文化元素	确定主题，分组	激发学生对设计制作校园文创品的兴趣，发散思维，提出自己感兴趣的问题，拟定主题	1周	
	2.设计"百年校园的印记"调查问卷，调查全校师生喜欢的百年校园所蕴含的文化元素	设计问卷		1周	
二、设计我的校园文创品	善于借鉴他人的创新思维和成果，与自己的想法相结合，打破思维的局限性。通过创新思维训练法，培养学生遇到问题时进行多角度思维的创新能力	如何绘制含有校园元素的文创品设计图	打破常规思维，有创意地写清楚创作说明	1—2周	
三、巧手制作平面文创品	与美术、科学、数学等学科整合，按照设计图、设计方案制作校园文创产品，培养学生的动脑动手能力以及创新精神和实践能力	填写制作准备单，明确要制作什么，需准备什么材料、工具以及制作步骤等	让学生观察实物，直观感受文创品的特点，归纳设计校园文创品的方法，并独立思考，构思设计校园文创品，画出创意图	1—2周	
四、我来预算文创品成本	了解校园文创品的制作成本，并进行初步预算	完成校园文创品的预算表	预算自己的文创品价格	1—2周	

任务名称	活动目标	活动内容	实施要求	时间安排	预期成果形式
五、制作3D立体文创品	对校园纪念品的设计图进行建模和切片的转换，利用3D打印机制作出校园纪念品并形成产品说明书，提高学生学习新知和动手操作的能力	小组合作，结合激光切割技术和传感器，对校园文创品进行创意改造	发展学生的思维，使其合作设计3D立体校园文创品，利用3D打印机制作3D校园文创品	1—2周	
六、文创宣传招数大比拼	与美术课整合，通过微课，学会设计制作广告、海报、美篇等的方法，为义卖校园文创品做宣传，提高策划能力、审美能力和创造能力	出示学生设计制作的文创品，提出宣传、推广文创品的任务	制作一张义卖海报，宣传自己小组的作品	1—2周	
七、发布文创成果齐策划	通过策划校园文创品活动方案，提高学生的策划能力	针对自己小组的文创品，提出义卖策划方案	出示学生设计制作的文创品，提出"义卖校园文创品"的任务	1—2周	
八、玩转校园文创发布会	与美术课、数学课整合，让学生对义卖摊位进行布展，分工合作，进行义卖活动，感受职业体验的快乐	针对至少一种文创品，提出自己的建议	带着照相机和评价表、意见表等，前往校园文创品发布会，向创作者提出改进意见和修改建议	1—2周	
九、总结反思评价	结合本次活动进行总结	说出自己的收获和不足	提出以后活动需要改进的地方	1课时	

五、活动过程

第一阶段：准备站，确定活动主题。

（一）创设情境，激发兴趣

播放课件，引出话题。

六年光阴匆匆而过，如梦的年纪里，有着串串欢声笑语。就要告别美丽的校园，告别朝夕相处的老师、同学，带着依依不舍的深情，跨入新的学校，开始新的、紧张的学习生活。校园六年的学习生活，有什么是值得你好好去珍藏的呢?

(二) 校园印记, 发散内容

1. 自由分享"校园印记"

2. 导图发散"校园印记"

同学们, 六年的校园生活, 实在有太多值得去怀念、去珍藏的。刚才大家说到了校园中的点点滴滴, 归结起来, 大概能分成哪几个方面呢? 每一个方面都有什么值得我们珍藏呢? 请完成思维导图。

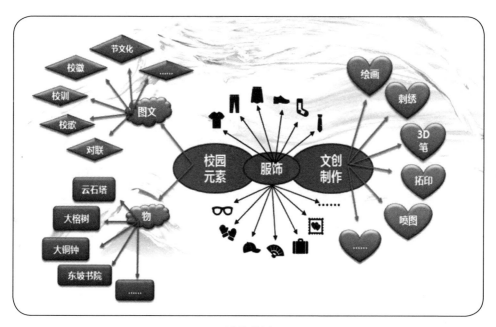

思维导图

(三) 珍藏方法, 发散方式

同学们, 我们对校园的每一处都是如此熟悉, 它们都值得我们好好珍藏。那么我们可以用什么方式将它们收藏到我们童年的记忆中呢? 请发散思维, 填写下面的思维导图吧!

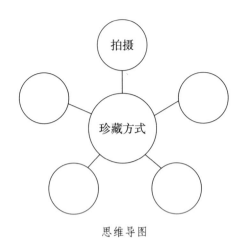

思维导图

（四）聚焦方式，引出主题

1. 我们可以将其制作成文创品，当作最好的纪念。

2. 那什么是文创品呢？

3. 想想多年后，看着印有大榕树图案的抱枕，马上就想起了在母校的美好童年。想想多年后，你带着印有云石塔图案的包包，走遍世界各地，我想你一定会忍不住向身边的人分享你的童年时光。不如，我们就来开展一次劳动技术主题活动——"带着'校园'走世界"吧！

（五）组建小组，选定主题

1. 你打算与哪些伙伴交流看法，一起完成任务呢？赶紧组建一个团队吧！要为你们的小组取一个有意思的组名，想一句响亮的口号。

组名	
口号	
组员	

2. 和小组里的小伙伴讨论一下，你们可以用什么方法收集资料。小组选择校园印记的一个方面展开资料收集，各组员从中选择一点，以不同的形式开始收集，并完成资料收集卡。

第二阶段：开展活动，设计制作校园文创品。

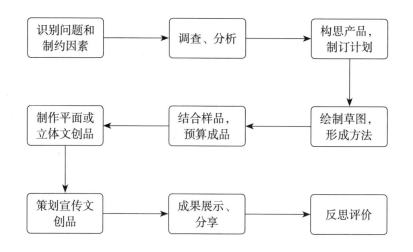

在确定了活动项目、了解了本次活动的制约因素、确定了活动的基本方向后，以下便是学生活动的主要过程。

同学们，前期我们经过大搜查找到了许多校园文化元素，那么，到底哪些文化元素最受大家欢迎呢？

（一）设计问卷，调查研究

以"你最喜爱的校园文化元素是什么"这个问题为中心，展开设想。在小组长的组织下，设计一份"关于百年校园文化元素的调查问卷"。思考为了实现这个目标需要了解哪些知识，先在小组内讨论，将问题整理出来，如：校园的哪个场馆让你印象最深刻？你想用什么样的方式记住学校的这些场馆？你觉得什么标志可以代表莞城中心小学？学校最具特色的地方是哪里？……

分析研究复式条形统计图，看图回答问题：

高（中、低）年级同学喜欢哪个校园景观最多？哪个最少？

高（中、低）年级同学喜欢哪个场馆最多？哪个最少？

高（中、低）年级同学喜欢哪个文化符号最多？哪个最少？

小结：拿到数据后，我们首先可以比多少。

将回收的问卷进行整理、统计、分析，最后得出百年校园最受欢迎的八大文化元素是：

（二）构思产品，制订计划

为了让学生顺利地做出具有校园文化特色的文创品，我把自己收集到的故宫文创品投影出来给他们观看，通过观察故宫文创品和自己收集的文创品，说说自己的发现，以此来帮助他们打开思路。不管做什么，都要先有一个计划才能更好地完成。揭开了文创品的神秘面纱后，想一想，你打算利用校园中的哪些文化元素，用什么方法，设计出什么文创品？

任务分解	具体事项
任务1	校园文化元素：
任务2	我设计的文创品： 我的方法： 创新点：
任务3	改进设计：

课堂教学

提议学生设计自己感兴趣的文创品，利用课余时间完成文创品的计划，再尝试画出该文创品的平面图。在尝试画图的过程中，学生遇到了不同于想象中的问题，其中出现频率比较高的有：选取的比例尺不合适，导致画出来的图形太大或者太小；画出来的平面图太复杂，外部修饰的图形太多；画出来的平面图跟所选择的比例尺不对应；还有些同学根本不会观察，观察的侧重点不正确……针对学生在初次尝试绘图时出现的情况，笔者给他们提供了一个帮助。一个帮助是，给学生上了一节"绘制文创品平面图"的方法指导课，让学生通过系统的学习，掌握画文创品平面图的方法技巧。

画设计图

（三）绘图指导，形成方法

由于学生对于"比例"的知识了解不是很多，在本学期的学习中，学生只在书本上接触到了"线段比例尺"，只能通过线段比例尺画出整厘米的线段，不会根据线段比例尺进行计算并画出精细的尺寸。因此，学生在尝试绘制文创品平面图时遇到了困难。在绘制的过程中，学生应思考如下问题：校园文创品可通过什么方法设计？凸显我校"百年校园印记"的文化元素是什么？文化元素适合用在什么创意产品上？选择的比例尺不恰当，绘制的比例不正确，对画平面图形的具体方法也不是很明确，因而教师需要给学生提供更多的指导。针对学生出现的问题，我为学生上了一节"绘制文创品平面图"的方法指导课，通过课前微课和课堂探究的方式，主要解决学生不会选择比例尺以及不会绘制科学合理的文创品平面图两大问题。学生通过一节课的学习，掌握了绘制平面图的方法，小组合作修改后开始尝试绘制出新的平面图，他们在不知不觉中又学习到了新的知识，感受到了科学知识在生活中的应用。

画草图

刺　绣

（四）结合样品，预算成品

各小组根据自己设计的平面图，尝试进行校园文创品的样品制作。小组讨论、商定要制作的样品，可以是杯子、钥匙扣、笔记本、T恤或棒球帽，准备的材料有纸皮、金属、布料等。在准备好材料后，小组开始制作，由于制作的时间比较短，因此在明确了分工后，利用周末的时间，部分小组聚集在一起进行制作；部分小组不能聚集在一起，他们会先由个别同学完成，再将作品带回学校，利用课间休息的时间，一起合作修改完成最后的作品。

制作校园文创品，除了要确定制作的样品外，还要对制作的成本进行合理的估计，这是保证活动正常进行的前提。各小组针对要制作的校园文创品，收集相关信息，了解相关价格，并把收集到的相关信息填写在下表中。

产品	市场价格

根据收集到的资料，结合实际情况，对文创品进行成本预算。

校园文创品预算表

文创品名称				
内容				
材料				

最后，8个小组一共完成了10件作品呢！这些作品虽然作用材料不同、外形不同，甚至制作的工艺也不相同，但是从他们的作品中都可以看出学生认真学习的态度。通过这样的活动，学生对不同材质的物品特性有了进一步的了解，对几何图形由平面到空间的形成过程也更加清晰了。

（五）制作平面或立体文创品

为了制作出有特色、有创意的校园文创品，在学生绘制设计图时，教师要注重引导其审美倾向，并让他们学会设计容易操作的设计图。设计图说明要全面，充分体现个人的思维水平。在制作的过程中，将遇到的问题记录下来，我们还专门请教了美术老师，让他针对物品的着色、图标设计等进行了方法指导；针对3D立体小组的文创品，我们请少年科学院的老师，对他们的技术进行现场指导和操作，同学们在观看完"如何使用建模和切片软件"的微课后，对这两个软件的使用有什么疑问就可以及时提出，科学老师现场释疑。

拓印组

3D笔组

喷图组

（六）策划宣传校园文创品

各小组要把自己的文创品在校园中进行展示，于是他们咨询其他同学的意见，对文创品进行改进。有的从外形着手，有的强调实用性。在此过程中，学生的创新能力和动手操作能力得到进一步提高。

为了让自己的作品更完美地呈现，各个小组利用课余时间，制作"校园文创品"发布会的策划方案和宣传海报，各小组分工合作在班级汇报、分享、交流自己组的策划方案。教师引导学生从整体策划是否合理、可行；书写是否工整、清楚、美观；考虑是否全面、周详；汇报是否声音响亮、清晰，让每个同学都听得清楚、明白；方案设计、策划有无创意、亮点，是否能吸引更多的人参与到发布会来等问题进行反思完善，最终投票整合，形成一份具有可行性，考虑全面、周到的活动方案，由学校发布在公众号上，成为本次"校园发布会"的最终实行方案。

（七）成果展示分享

成果展示

（八）反思评价

本次活动采取学生自评、组内互评、组间互评、教师评价等方式对学生的活动进行评价。在小组展示后，先让小组代表进行分享说明，再请其他小组成员随堂进行及时评价，教师针对学生的产品展示情况适时点评。再结合学校现有的资源，对学生制作的作品进行更为广泛的评价，让学生体验到学习与生活的密切联系，体验成功的快感。各小组根据自己想要了解的内容，制定评价量表，教师再根据整体活动的情况，制定全班适用的评价量表，帮助学生更全面地了解自己的活动表现，从而巩固、提高他们各方面的能力。

在本次活动中，学生收获满满。他们纷纷表示，通过这次活动，他们学到了多个学科的知识，感受到通过自己的动手操作和合作学习，可以让知识更深刻、更简单；感受到通过合作制作出来的成品，也能有丰富的科学味、艺术味，原来科学技术自己也能加以应用；还学会了怎样利用身边常见的事物帮助自己更好地理解学习，更知道了怎样运用知识指导实际的应用，体会到了科学知识与生活的密切联系。

（九）教师反思

STEM作为一种崭新的教学理念，为我们的教学工作提供了新的、可视化、可操作的方式，相信在未来的教育教学工作中，对于教师和学生而言，我们都能成为"赢家"。经过本次"校园文创品的设计与制作"活动项目的开展，学生初步感受到STEM对于学习的指导作用。本次活动从学生的真实问题出发，通过对校园中含有文化元素的文创品的相关研究，学生经历了尝试、设计、制作的过程，从中体会到原来知识就在我们身边，到处都有值得我们学习的内容，只要拥有善于思考的脑筋和智慧的眼光，就可以发现非凡的知识。新的学习方法能引领我们高度、深度地学习。

知识源于生活。本次六年级的毕业活动，以"留下学校的印记"为载体，结合学生在几何知识上的薄弱环节和学校展开的活动，引发学生对"校园文创品"展开研究，实现了知识的扩展延伸，学生研究的兴趣十分浓厚，感受到了美术、科学、数学知识在生活中的广泛用途。

目标引发活动。在这个活动过程中，我们采取了让学生从需要实现的目标出发，引出为了实现该目标所需要的知识技巧的方式，从而使相应的活动自然生成，最后促成了本次活动的开展。

方法指导学习。在每一个小活动的开展中，学生都经历了猜想→尝试→验证→改进→结论这一解决问题的过程，每一个知识技能的获取都是学生在解决问题的需要中产生的。在这个过程中，学生们不仅学到了知识，更重要的是学会了思考，学会了解决问题的方法。

通过活动的开展，学生不断产生学习新知识的需要，而这些新知识是学生自己提出来的，是为了解决问题而产生的。学生在多个假设、验证的过程中，能够掌握科学思考及解决问题的方式方法，其思考能力、学习能力便在不知不觉中提高了。

通过对新知识的学习，学生掌握了人学习新知的途径。随着科技的发展，人们获得知识的途径变得更多样了，我们不能单单地局限于课堂上教师传授式的学习，更多地还在于我们生活的社会给我们提供的多种媒介，即能够通过多种方式高效地获取知识。

经过知识"物化"，学生能更好地将知识进行区分，对易混淆的知识、难以想象的知识有更透彻的了解，从而产生了崭新的解决问题的策略，为学生的终身学习奠定基础。

第五章

探索劳动教育评价体系

第一节 劳动教育评价内涵

劳动教育的目标是让学生树立正确的劳动观念，具备必要的劳动能力，培育积极的劳动精神，养成良好的劳动习惯和品质。劳动教育是"五育"的重要组成部分，但在实践中，劳动教育却是教育体系中的短板。劳动教育评价影响着新时代的劳动教育改革和劳动教育质量提升，科学有效的评价体系有利于全面系统地落实新时代劳动教育政策，培养学生正确的劳动价值观和良好的劳动品质。

一、劳动教育评价的指导思想

以习近平新时代中国特色社会主义思想为指导，坚持立德树人，坚持培育和践行社会主义核心价值观，把劳动教育纳入人才培养全过程，贯通各年级，贯穿家庭、学校、社会各方面，与德育、智育、体育、美育相融合，注重教育实效，实现知行合一，促进学生形成正确的世界观、人生观、价值观。劳动教育评价以学生发展为本，关注每一个学生的全面发展、持续发展和终身发展。通过劳动教育评价引导学生懂得劳动最光荣、劳动最美丽的道理。

二、劳动教育评价的依据

劳动教育评价的主要依据是教育部最新印发的《大中小学劳动教育指导纲要（试行）》（教材〔2020〕4号），其中指出要大力加强劳动教育，开展劳动教育情况考核，把劳动素养纳入学生综合素质评价。

（1）2020年3月，中共中央、国务院印发的《关于全面加强新时代大中小学劳动教育的意见》中提出"健全劳动素养评价制度"，将劳动素养纳入学生综合素质评价体系，制定评价标准，建立激励机制，组织开展劳动技能和劳动成果展示、劳动竞赛等活动，全面客观记录课内外劳动过程和结果，加强实际劳动技能和价值体认情况的考核。建立公示、审核制度，确保记录真实可靠。把劳动素养评价结果作为衡量学生全面发展情况的重要内容，作为评优选先的重要参考和毕业依据，作为高一级学校录取的重要参考或依据。

（2）2020年7月，教育部印发《大中小学劳动教育指导纲要（试行）》。该纲要提出，"将劳动素养纳入学生综合素质评价体系。以劳动教育目标、内容要求为依据，将过程性评价和结果性评价结合起来，健全和完善学生劳动素养评价标准、程序和方法，鼓励、支持各地利用大数据、云平台、物联网等现代信息技术手段，开展劳动教育过程监测与纪实评价，发挥评价的育人导向和反馈改进功能"。

（3）2020年10月，中共中央、国务院印发了《深化新时代教育评价改革总体方案》，其中提出"加强劳动教育评价"，实施大中小学劳动教育指导纲要，明确不同学段、不同年级劳动教育的目标要求，引导学生崇尚劳动、尊重劳动。探索建立劳动清单制度，明确学生参加劳动的具体内容和要求，让学生在实践中养成劳动习惯，学会劳动、学会勤俭。加强过程性评价，将参与劳动教育课程的学习和实践情况纳入学生综合素质档案。

结合劳动教育课程的特点以及现有的评价系统，确定以下劳动教育评价的结构。

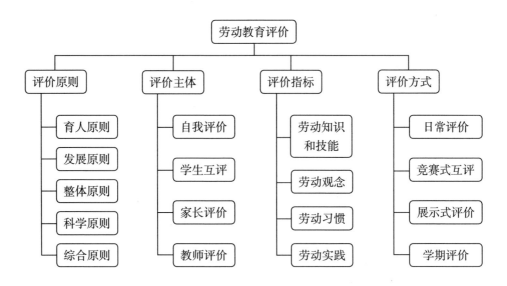

三、劳动教育评价的原则

（一）育人原则

坚持立德树人，牢记为党育人、为国育才使命，充分发挥评价的指挥棒作用，引导确立科学的育人目标，确保教育的正确发展方向。评价要把准劳动教育的价值取向，引导学生树立正确的劳动观，崇尚劳动、尊重劳动，增强对劳动人民的感情，报效国家，奉献社会。

（二）发展原则

劳动教育评价的目的在于推动每个学生在原有的劳动态度、水平上有新的提高，应从发展性的角度探讨评价学生的劳动成果、表现等，并给予充分的肯定与鼓励。评价要坚持学生的全面发展，注重学生的发展过程，提高学生的劳动素养，培养学生的创新精神。

（三）整体原则

把劳动教育的课程教学和评价进行统整，使它们融合为一个有机整体，将学生在劳动中的各种表现和劳动成果作为评价学生劳动情况的依据。坚持统筹兼顾，针对不同主体和不同学段学生的特点，分类设计、稳步推进，增强系统性、整体性。评价要关注学生成长历程，把日常评价、结果评价结合起来，关注学生的劳动能力、劳动态度、劳动习惯等，利用多种评价方式，给予每个学生客观的整体评价。

（四）科学原则

坚持科学有效，改进结果评价，强化过程评价，探索增值评价，健全综合评价，充分利用信息技术，提高劳动教育评价的科学性、专业性、客观性。

（五）综合原则

拓宽劳动教育途径，整合家庭、学校、社会等各方面力量，家庭劳动教育要日常化，学校劳动教育要规范化，社会劳动教育要多样化。教师、学生、家长、校外指导教师等都可以作为评价者，既要评价学生劳动成果的好坏和劳动技能的水平，还要评价学生在劳动过程中呈现出来的态度与习惯以及团结协作的能力、创新能力等。

四、劳动教育评价的全面性和多元化

（一）定性评价与定量评价相结合

定量评价是采用数学的方法，收集和处理数据资料，对评价对象做出定量结果的价值判断。它具有客观化、标准化、精确化、量化、简便化等鲜明特征。在实践中，静态、量化的评价是劳动教育的主要评价方式，通常以劳动的次数和时间等显性标准为依据，进行客观化、标准化评价。劳动是需要个体持续努力的实践过程。在劳动教育成效的评价中，如果简单地用量化的方式来呈现，并不能准确地表现出青少年在劳动教育中的收获与成长。因此，静态的、量化的、客观化的评价往往不能反映劳动过程的全貌，也无法起到完整有效的激励作用。

要将量化评价作为对定性评价的必要补充，因为定性评价具有一定的笼统性和模糊性。坚持将定性评价作为基础，定量评价作为补充，二者结合起来进行劳动教育成效的评价，则能够使评价具有更高的参考价值。我们逐步建立起学生劳动评价制度，评价内容包括参加劳动次数、劳动态度、实际操作、劳动成果等方面，具体劳动情况和相关事实材料记入学生综合素质档案，并作为升学、评优的重要参考。也就是说，学校开展的劳动实践活动可以采用"劳动记录"的方式。通过这种方式，教师、家长和学生自身都能够清楚地看到个体不断进步的过程。

学生一进入小学就可以开始对其劳动教育的情况进行记录，为学生建立一体化的劳动情况档案。这种记录有助于学生对自身劳动教育情况的把握，同时也有助于开展劳动评价。至于劳动记录的具体操作方式，可以根据学生在不同年级的发展特点，有所侧重地使用不同的方式。比如在小学低年段，可以把学生进行分组，每个小组安排一位教师或者家长帮助记录劳动教育开展情况。记录的内容分为个体和集体，既可以记录小组中每一个学生的劳动表现，还可以记录整个班级的劳动表现。从高年段开始，就可以增加记录主体，安排学生自行记录或同伴之间相互记录，再对自己和所在的小组在劳动活动中的表现进行分析，总结取得的进步，找到仍然存在的问题，明确进一步努力的方向。

（二）过程评价与结果评价相结合

教育部印发的《大中小学劳动教育指导纲要（试行）》中明确提出要将过程评价和结果评价结合起来。

结果评价指的是在教学活动结束后为判断其效果而进行的评价，是对劳动教育的效果进行的价值评断。采用结果评价对劳动素养进行监测并不意味着以标准化测试的形式来衡量学生劳动素养的发展状况，而是要坚持定性评价与定量评价相结合，以定性评价为基础，以定量评价为补充，全面客观地反映劳动教育实效。

简单地以结果来评价学生的劳动教育成效，并不能准确地考查学生在劳动教育中的收获与成长，也容易忽视学生在劳动过程中的学习状况，不能全面体现学生参与劳动的状况。过程性评价拓宽了劳动教育评价的领域，它并非只注重过程而不注重结果，它是对劳动过程中的劳动动机、劳动实施和劳动产品三位一体的评价。换言之，过程性评价不仅关注劳动成果，还关注劳动认知、劳动技能、劳动意志、劳动态度、劳动习惯和劳动价值观等过程性的表现性要素。对学生进行的评价要揭示学生在活动过程中的表现以及他们是如何解决问题的，而不能仅仅针对他们劳动的结果。即使最后结果不算十分成功，只要学生经历劳动的过程，获得了实际的体验和经验，就应给予积极的评价，还要评价其在劳动过程中表现出来的态度与习惯、团结协作能力、创新能力等。

（三）评价主体多元化

劳动教育的主体不仅仅是教师，家长和同伴的影响同样不能忽略。要想对学生劳动教育的成效进行相对客观准确的评价，便应将相关的评价主体都考虑在内，包括教师评价、家长评价、学生互评以及自我评价。考虑到学生心智发展并不是特别成熟，准确、理性地评价他人以及自我评价的能力有待进一步增强。相比之下，作为成人的教师和家长在评价中更容易对其客观性有良好的把握。因此，虽然是坚持多主体结合的评价形式，但在低年级阶段，还应以教师评价和家长评价为主。

1. 自我评价

学生在教师的指导下依据一定的评价标准对自己的劳动知识、劳动能力和对劳动的情感、态度、价值观等方面做出分析与判断，并对自身的劳动意识进行自我调节的活动。学生的自我评价是学习过程中的一个重要组成部分，教师要引导学生采用一系列的方式对自己的进步、成果以及不足加以记录，自我评价有助于学生认识活动目标，增强信心和责任感。学生的自我评价是学生学习过程的一部分，是促进学生主体意识的形成、自主学习能力提高的一种有效手段，能让学生在自我评价中不断提升自己的劳动能力。

2. 学生互评

学生之间的互评主要是分组活动中小组成员之间的互相评价。在校内劳动、校外劳动基地的实践中，我们都要强调小组合作，劳动的过程与结果也离不开小组集体的力量，小组成员是最好的学习对象，不管成员的表现如何，合理地进行小组成员互评，对每个同学都会有促进作用。通过小组内的评价来激发学生参加劳动的积极性，既能增强劳动观念，又能增强合作意识。

3. 家长评价

学生参加家务劳动、校外劳动，通过家长评价，可给予学生更深入、更客观的过程指导，要跟家长和学生明确评价的目的不是给学生分等级，而是对学生参加劳动的一种指导、激励。尤其是生活自理方面的劳动，布置给学生的家庭性劳动作业，由家长进行评价是客观的，同时家长也会慢慢学会如何在生活中评价孩子的劳动，并使他们认识到劳动教育的重要性。因为劳动并不是几次家庭作业，而应一直贯穿孩子的生活。

4. 教师评价

在上述评价的基础上，由教师对学生做出全面评价，重点放在对经验的总结上，并要明确下一步的努力目标。在学生的劳动过程中，教师的指导是必要的，教师要根据学生的实际情况，运用发展性原则和综合性原则给予学生评价。教师评价要求教师深入了解每一个学生的劳动状况，能给予及时的引导和帮助。另外，教师的评价可以是正式的，也可以是非正式的，别轻视非正式评价，一个鼓励的眼神、一句肯定的话语，都可能收到意想不到的效果。

（四）评价指标多元化

劳动教育具有实践性、技术性、知识性和教育性等方面的特点。不管是一节劳动课还是一项劳动任务，都应在以知识、技能为主的前提下，对学生进行智能、体能、行为习惯、合作意识等方面的综合训练与培养。为此，我们把劳动教育的评价指标分为实践操作考核和思想考核。实践操作是劳动教育的主要形式和方法，因而实践操作应作为劳动教育评价的重要内容。实践操作考核可以从三个方面进行评价：一是工具使用情况；二是对操作工序或操作要领的掌握情况；三是完成的速度和质量。思想考核主要是看学生的劳动态度、劳动表现、协作精神，以及是否爱护公物、珍惜劳动成果等。

例如，"学会钉纽扣"这一课的知识目标是了解有关纽扣的相关知识，学会打结、钉纽扣的方法；能力目标是培养动手能力、思维能力和独立生活能力；德育目标是培养学生热爱劳动的观念和良好的劳动习惯。因此，评价必须是多方面的，既要有对学生观察力、模仿能力的评价，又要有对其针线使用能力、安全习惯等行为的评价。这一系列评价教学活动有利于学生知识技能的掌握和良好品质的形成。

《关于全面加强新时代大中小学劳动教育的意见》中提出"健全劳动素养评价制度"。劳动素养包含两层含义：一是能力，也称功能性素养，即开展劳动的能力，具体包括劳动知识和劳动技能等；二是修养，也称目的性素养，即力量，表现为在劳动过程中所散发出的影响力或感染力，如劳动情感和劳动价值观等。劳动素养是衡量劳动教育成效的重要指标，也是一个人劳动品质的重要体现。对学生的劳动素养进行科学评价，可以从以下几个方面进行。

1. 劳动知识和技能

正确掌握日常生活劳动、生产劳动和服务性劳动的相关知识及技能，在实际劳动中提高动手能力和发现问题、解决问题的能力。劳动知识和技能是人们进行劳动工作的能力，包括体力劳动和脑力劳动两个方面，是体力劳动和脑力劳动的总和。劳动知识和技能是让学生懂劳动、会劳动，是人们通过劳动创造价值的必要手段。各学段小学生应掌握的劳动知识和技能见下表。

各学段小学生应掌握的劳动知识和技能

年级	概述	具体内容和要求		
		自我服务劳动	家务劳动	公益劳动
低学段	主要安排一些力所能及的自我服务劳动。通过自我服务劳动和其他劳动项目的训练与实践，学生能够知道劳动最光荣，初步培养学生爱劳动的观念，争做爱劳动的好孩子。	学会洗手、洗脸、刷牙、剪指甲等，能初步搞好个人卫生。能穿脱衣服、系鞋带，会洗手帕、红领巾等小件物品。学会削铅笔、订本子、包书皮等，能对自己的学习用品进行分类整理和保管。	学会铺床、叠被，刷洗碗筷、茶杯等，能帮助家长做一些力所能及的事情。	学会擦黑板、扫地、抹桌椅、开关门窗。在教师的指导下当好值日生，搞好室内外公共卫生。
中学段	除继续安排自我服务劳动以外，主要安排一些家务劳动、公益劳动。通过这些劳动项目的教学和实践，培养学生关心集体、爱护公物的品德，基本上做到自己的事情自己做、家庭的事情主动做、集体的事情积极做。	能自己洗头、梳头、洗澡，学会洗小件衣服，学习使用针线、会钉纽扣等。能注意保持学习用品整齐、美观。	了解厨房的卫生常识，学会洗刷餐具，会择菜、洗菜、淘米等。能在家长的指导下热饭菜。会整理房间。初步了解安全用电常识，了解部分家用电器的使用方法。	会使用简单工具绿化、美化学校环境，帮助烈属、军属、残疾人和孤寡老人打扫庭院或做一些力所能及的事情。
高学段	除继续安排家务劳动、公益劳动外，主要安排简单的生产劳动，使学生初步认识劳动创造社会财富，劳动没有高低贵贱之分。培养学生正确的劳动观念，良好的劳动习惯，热爱劳动、热爱劳动人民的思想感情和勤劳俭朴、珍惜劳动成果的品德。	能有条理地放置、摆设室内小件物品，会晒被褥和叠放衣服，能洗外衣、毛衣等衣服。学习使用常用炊具和做简单的饭菜，能分辨生熟和鉴别变质食品。	种植和饲养：学习一点植物栽培的常识，能栽培一两种花卉或种植、移栽瓜菜，并适当地了解一些现代农业科学知识。	继续参加中学段安排的各项公益劳动并适当提高要求。

2. 劳动观念

具有正确的劳动价值观，以及尊重劳动、热爱劳动的品德和吃苦耐劳的精神，树立依靠辛勤劳动创造美好未来的观念；尊重普通劳动者，珍惜劳动成果。劳动可以锻炼人的吃苦精神，劳动会让人有坚定的意志。劳动观念是人们对劳动的看法和态度。新时代的劳动观念要以热爱劳动为荣、以不劳而获为耻，尊重努力劳动、贡献社会的不同阶层的劳动者，愿意以自己的体力和脑力劳动建设祖国、贡献社会、服务人民，树立正确的劳动观念，是提高学生劳动素养的基本要求。

3. 劳动习惯

具有自觉劳动的习惯，日常生活自理，主动分担家务，让学生具有正确的劳动动机。劳动动机体现为学生在劳动过程中所追求的目的，学校通过劳动教育，使学生明确劳动动机、端正劳动态度，进而养成良好的劳动习惯。具体的劳动习惯包括：自己的事情自己做、家里的事情主动做、别人的事情帮忙做、集体的事情大家做，按操作程序进行劳动、劳动中注意自我保护、劳动中讲效率找窍门、劳动结束后整理现场、爱护和珍惜劳动成果。

4. 劳动实践

学生参加校内劳动，例如校园卫生保洁、绿化美化、班务整理、室内装饰、手工作品展示等。学生参加校外劳动，例如农业生产、工业体验、服务业实践、研学旅行等劳动实践，校外活动为学生提供了与社会全方位体验和交流的真实场景，学生通过劳动实践将知识转化为劳动成果，能够更加直观地感受到通过劳动实现目标、通过劳动创造价值的意义。同时，校外劳动活动能够促进学生劳动能力的提高，塑造职业素养和道德品质，通过亲身实践，理解劳动价值的内涵，形成尊重劳动、热爱劳动的真挚情感。组织或引导学生参与公益劳动、志愿服务，志愿服务的过程是学生实践能力、劳动精神、劳动素质全面锻炼与提升的过程，大量的学生志愿服务活动能够培养学生勇于实践、无私奉献的勤劳奋进精神，增强学生的劳动意识和劳动素质。学生也要参加家务劳动，例如敬亲、爱幼等方面的劳动和力所能及的家务。

（五）评价方式多元化

劳动教育的评价内容及指标的多元化，决定了评价方式的多元化，评价的方法也会是多样和灵活的。教学中应结合具体的教学目标、教学内容、评价内容而采取不同的评价方式。

1. 日常评价

设立评价表，在劳动课或实践活动中检查劳动知识、技能、学习态度等，这是最常用的评价方式。使用这一评价方式，依据学生参与课堂劳动和校内劳动的态度、效果等方面的表现，采用自我评价、学生互评、教师评价等多种方式，对每一个学生的劳动表现做出客观评价。根据时间长短、质量高低评出等级，个别优秀者也可以给予"小能手"之类的荣誉称号，这样便于全面考核学生的劳动情况，保证考核的合理性。劳动是人类社会各项活动的基本形态之一，劳动素养的生成、塑造与展现都在日常行为中充分存在。学生学习、生活的各个方面都与劳动意识、劳动观念、劳动能力有着千丝万缕的联系：学生在校内外各个公共场所中能否自觉维护环境卫生，充分尊重他人的劳动成果；学生在课室、在家能否具备"一屋不扫，何以扫天下"的劳动意识和行动。劳动素养在日常行为中的表现还可以外化为服务他人、奉献集体的意识与行动。

2. 竞赛式评价

学校会组织一些竞赛活动，如穿衣、系鞋带、擦黑板、烧菜、创意设计等比赛，不仅能培养学生的竞争意识，还能帮助学生体验劳动带来的快乐。全校性的或是班级之间的小比赛，都是比较受学生欢迎的，但要注意面向全体学生，让尽可能多的学生参与进来。若是全校性或全年级的比赛，建议每个班级首先举行一次预赛。其实除了在正式的比赛活动之外，在每一次劳动课或劳动教育活动中，也都可以设置一些奖项来激励学生。学生的想象力是丰富的，思维也是独特的，他们经常会有与众不同的想法或创意，这时教师可以用激励式评价去衡量和评价学生，以有效地激发学生的劳动兴趣。例如，在创意制作类的活动中，教师可以设计最佳创意奖、最佳造型奖、最佳色彩奖、最佳合作奖等，以此来激励学生。

3. 展示式评价

展示式评价的使用比竞赛式评价更为常见，班级、学校经常布置展台来展示学生的劳动成果，让学生产生自豪感与成就感。学生除了分享劳动成果外，还可以分享劳动感受和劳动经验，全体学生的感受会更深刻。另外，家庭要鼓励孩子利用双休日或节假日参与劳动，确保中小学生每周家庭劳动的时间不少于2小时，每年有针对性地学会1—2项生活技能。家庭是培养学生劳动习惯的重要场所，但学生是否在家劳动、劳动效果如何，教师不能仅凭家长的评价就给学生打分，可以让学生展示劳动成果或劳动技能，并据此评价学生的家庭劳动情况。

4. 学期评价

根据学生课堂内外不同的劳动态度及产生的不同的劳动效果，做出分层评价。只有这样，才能有效地激励学生参与劳动教育教学过程。在评价学生的劳动能力时，要细化评价指标，包括每学期参加多少次劳动、每一次的劳动态度、参与劳动的过程以及获得的劳动成果等。在劳动素养评价定量或定性结果的基础上，对劳动素养优秀的学生予以表彰，对相对落后的学生进行督促，通过正面奖励和反向引导的方式，强化劳动教育的具体实施。因此，要从劳动素养评价体系的结果认定上，建立"劳育"表彰的物质性或荣誉性奖励机制，设立"劳动光荣奖""劳动之星""劳动先进奖"和"劳动创造奖"等项目，并辅以适当的物质奖励。对于学生每个学期的劳动素养表现，我们会通过学校的"七彩评价体系"把相关情况记录下来。

第二节　开发劳动教育评价量表

教育评价事关教育发展方向，有什么样的评价指挥棒，就有什么样的办学导向。不同的评价模型凸显不同的价值和效果。《深化新时代教育评价改革总体方案》明确提出："坚持科学有效，改进结果评价，强化过程评价，探索增值评价，健全综合评价，充分利用信息技术，提高教育评价的科学性、专业性、客观性。"《大中小学劳动教育指导纲要（试行）》强调："以劳动教育目标、内容要求为依据，将过程性评价和结果性评价结合起来，健全和完善学生劳动素养评价标准、程序和方法。以自我评价为主，开展劳动教育过程监测与纪实评价，发挥评价的育人导向和反馈改进功能，促进学生进行反思改进。"

劳动教育评价是学校劳动教育的重要环节，是保证学校劳动教育目标实现的重要措施，也是学校教育质量评价的重要组成部分。总体而言，中小学劳动教育评价能够引导学生树立新时期正确的劳动价值观，促进中小学劳动教育实践问题的解决，提高中小学劳动教育的质量。然而，当前中小学劳动教育评价仍存在评价内容单一刻板、评价方法简单量化、评价主体单一、评价结果功利性取向严重等问题。为了提升学生劳动教育的质量与效果，我校从过程性评价和结果性评价两个方面开发了劳动教育教学评价量表。

一、教与学的过程性评价

美国著名教育学家布卢姆指出，在教育领域，评价是最高层的认知活动。劳动教育的过程性评价不是为了证明，而是为了改进。用加德纳的话说就是"在个体参与学习的情境中轻松地进行评估"。在劳动教育中，以教师"教"的活动和学生"学"的活动进行评价，这种评价主要针对个体劳动学习及其效果。在教学过程中，两种评价模式可互动互鉴、优势互补，促进教学相长。

劳动教育教学评价量表

项目与权重	内容	等级分数			得分
		5	4	3	
教学目标	注重操作性并对技术原理和方法有体悟				
	培养学生良好的劳动习惯与技术能力				
	注重技能训练中学生的创新精神和实践能力				
教学思想	教学目标面向全体，发展技术学习的兴趣				
	注重各学科知识的联系和综合运用，进一步开阔技术学习的视野				
	主动进行技术实践，掌握一些现代生产必备的基础知识和基本技能				
	通过体验和探究，掌握基本的技术学习方法，有技术创新意识				
教学设计	注重学生基础能力和基本态度的培养				
	正确处理学生基础理论学习与实际操作的关系				
	正确处理操作过程中规范意识和创新意识的关系				
	面向全体学生，尊重学生个性、自主性、创造性				
	鼓励学生自主学习的同时，突出对技术学习中重点和难点的指导				
	引导学生学会分工与合作，互相交流、学习				
	注意学生的劳动纪律和安全规程教育				
教学评价	教学效果好，达到预期的教学目标				
	具有较强的动手、示范、实验、操作能力				
	正确处理好教师的示范、讲述和学生自主活动之间的关系				
	发挥多种教育技术和手段的作用				

学生劳动课堂评价量表

1	积极思考，乐于合作，敢于提出自己的看法	自评： 互评： 师评：
2	学会劳动方法，在家能按方法尝试	自评： 互评： 师评：
2	积极参与课堂活动，全身心投入，体验劳动过程	自评： 互评： 师评：
4	大方分享自己的劳动收获，有劳动快乐的体验	自评： 互评： 师评：
我这样评价自己：		
伙伴眼中的我：		
老师的话：		

注：

1.本评价量表针对学生课堂表现情况做评价。

2.本评价分为定性评价部分和定量评价部分。

3.定量评价部分总分为100分，最后取值为教师评、同学评和自评分数按比例取均值。

4.定性评价部分分为"我这样评价自己""伙伴眼中的我"和"老师的话"，都是针对被评者进行概括性描述和建议，以帮助被评学生的改进与提高。

二、基于学生满意度的结果性综合评价

《深化新时代教育评价改革总体方案》强调："改革学生评价，促进德智体美劳全面发展。"《大中小学劳动教育指导纲要（试行）》要求："学段结束时，要依据学段目标和内容，结合综合素质档案分析，兼顾必修课学习和课外劳动实践，对劳动观念、劳动能力、劳动精神、劳动习惯和品质等劳动素养

发展状况进行综合评定。"综合性评定就是要根据劳动教育生态系统、劳动学习框架的核心要义，着重凸显劳动的幸福价值追求，而幸福感的获得和体验建立在满意度基础之上。因此，我们借鉴顾客满意度指数模型，构建基于学生满意度的劳动教育结果性综合评价表（见下表）。

该评价表主要分为生活性劳动、生产性劳动、服务性劳动三个维度，通过对各类劳动的"价值感知"形成"学生满意度"，进而决定进一步的"劳动行为意向"。总体而言，对劳动的价值感知水平越高，学生的满意度越高，劳动行为意向就会越强烈。在三个维度的劳动类型里，每个维度又包含劳动知识、技能和情感态度与价值观三个方面劳动素养以及劳动在德育、智育、体育、美育诸方面的渗透和体现。该评价表强化了学生的主体性，能最大限度地调动学生学习的积极性和教师教学的效果。

学生劳动教育综合评价表

一级指标	二级目标	A.乐意、会做； B.会做，偶尔做； C.不会做，在学习； D.不会做，又不愿意学习	优	良	合格	不合格	评价人签名
自我服务劳动	1.自己装饭、夹菜，自己吃						
	2.自己穿衣服、鞋袜						
	3.自己的衣服、鞋袜自己洗						
	4.自己整理、收拾房间						
	5.自己洗脸、洗澡						
	6.自己收拾、整理书包						
	7.自己会钉扣子、缝针线						
家务劳动	1.会蒸饭、洗菜、炒菜、洗碗等						
	2.会扫地、拖地、收拾整理日常用品						
	3.会洗衣、洗鞋，晾晒、收叠衣服						

续 表

一级指标	二级目标	A.乐意、会做； B.会做，偶尔做； C.不会做，在学习； D.不会做，又不愿意学习	优	良	合格	不合格	评价人签名
家务劳动	4.会浇花、护花						
	5.生病了会自己按量、按时吃药						
	6.会照顾老人或生病的人						
	7.客人来了会主动泡茶、接待						
社会实践活动	1.为社区主动送报、送通知等						
	2.做公益宣传，维护公共秩序						
	3.保护公共设施，护理花草						
	4.主动做好垃圾分类						
	5.当好服务志愿者						

　　劳动教育是国民教育体系的重要内容，是学生成长的必要途径，具有树德、增智、强体、育美的综合育人价值。通过设计评价量表，科学开展劳动教育相关评价，有利于引导学生树立正确的劳动价值观，形成良好的劳动习惯，提高创造性劳动能力。

参 考 文 献

［1］Edward B. Tylor. Primitive Culture［M］. England：Cambridge University Press, 1871:4.

［2］李珂.嬗变与审视：劳动教育的历史逻辑与现实重构［M］.北京：社会科学文献出版社，2019.

［3］陶行知.中国教育改造［M］.合肥：安徽人民出版社，1981.

［4］刘向兵.新时代高校劳动教育的新内涵［J］.中国高教研究，2018（11）.

［5］马克思.1844年经济学哲学手稿［M］.北京：人民出版社，1979.

［6］徐海娇.劳动教育的价值危机及其出路探析［J］.国家教育行政学院学报，2018（10）.

［7］杨叔子.校园文化与时代精神［J］.中国高教研究，2007（3）.

［8］潘懋元.走向社会中心的大学需要建设现代制度［J］.现代大学教育，2001（1）.